1%
유대인의
지혜수업

복잡한 세상을 명료하게 보는 힘

1%
유대인의
지혜수업

심정섭 지음

매일경제신문사

Contents

 이 책은 전작 《1% 유대인의 생각훈련》과 같이 한국인이나 동양인을 위한 원전 탈무드 입문서라고 할 수 있습니다. 우리나라는 유대 사상이나 탈무드에 관한 관심은 많은데 종교적인 이유와 시장의 한계로 인해 제대로 된 입문서가 없었습니다. 많은 독자가 탈무드를 통해 삶의 지혜나 틀을 벗어나는 사고를 할 수 있는 통찰을 원하는 것 같은데, 우리나라에서 출간된 탈무드라는 이름의 많은 책은 마빈 토케이어 편역 탈무드를 재구성했거나 일반인이 읽기에는 너무 전문적인 내용으로 양극단이었습니다.

 특히 원전 탈무드에 가깝다고 하는 조셉 텔류슈킨의 책에 우리나라나 동양 사람들이 관심 없어 할 내용이 상당 비중을 차지하는 것을 보고, 부족하지만 우리나라 동양 독자들의 필요에 맞는 탈무드 책을 한 번 써봐야겠다는 용기를 내게 되었습니다.

 탈무드는 한마디로 하면 구약 성서의 《모세 5경》이라고도 하는 토라Torah에 나오는 신의 말씀을 제대로 잘 지키기 위한 세부 토론집이라고 할 수 있습니다. 토라가 헌법이라면 탈무드는 세부 법령입니다. 헌법 밑에 민법, 상법, 민사소송법, 형법 등이 있는 것처럼, 주제별로 토라 정신을 제대로 실천하기 위한 랍비들의 토론 내용이 정리되어 있습니다.

그런데 이런 세부 법률안에 법률을 잘 이해할 수 있는 재미있는 이야기나 예화가 들어가 있었습니다. 일본의 극우 인사인 가세 히데아키加瀬英明가 종군 랍비로 일본에 와 있던 마빈 토케이어에게 이 재미있는 에피소드를 듣고, 마빈 토케이어의 이름으로 '탈무드'라는 책을 냈습니다. 우리나라에 이 책이 해적판으로 들어온 이후 태교, 어린이용 우화집, 성인용 처세술이나 지혜서로 다양하게 활용됐고, 탈무드는 웬만한 한국인 가정에 한 권씩은 꽂혀 있는 필독서가 되었습니다. 하지만 이런 대중적인 성공이 '탈무드는 우화집'이라는 잘못된 오해를 많은 한국인에게 심어주기도 했습니다.

탈무드가 우리나라 사람들에게 주는 가장 큰 가치는 깊은 생각을 도와준다는 데에 있습니다. 이 책을 출간하는 2025년에도 우리나라는 여러 가지 정치적인 혼란을 겪고 있습니다. 그리고 그 과정에서 나라는 반으로 나뉘어 극심한 분열과 갈등을 겪어야 했습니다. 그리고 그 분열의 밑에는 '나만 옳고 너는 틀리고, 이 세상에는 선과 악 둘밖에 없다'는 이분법적 사고가 깔려 있습니다. 세상에는 A와 B뿐 아니라, C와 D도 있을 수 있습니다. 탈무드를 읽으며 훈련하면 피상적인 이분법을 넘어서는 깊은 생각을 할 수 있습니다. 유대인의 사상과 문화가 우리 생각이나 문화와 다른 부분이 많습니다. 하지만 탈무드의 지혜를 참조한다면 우리의 사고방

식으로는 풀리지 않던 문제도 의외의 해결책을 찾을 수 있습니다.

이 책에서는 《1% 유대인의 생각훈련》에서와 마찬가지로 한국인에게 도움을 될 만한 탈무드 예화와 토론 내용을 세상, 인간관계, 인생, 가정의 주제로 묶어 정리해보았습니다. 그리고 탈무드식 깊은 생각훈련 방법의 전형적인 예인 2×2 매트릭스 사고법과 원전 탈무드 토론에 관한 이론과 실제를 정리하여 원전 탈무드 공부나 하브루타에 관심 있는 분들이 도움을 받을 수 있게 했습니다.

아무쪼록 이 책을 읽고, 깊게 생각하고 더 지혜로운 삶을 사시는 많은 분들이 나오길 바라는 마음입니다. 마지막으로 어려운 출판 여건 속에서도 탈무드 관련 내용에 관심을 가져주신 매경출판과 수고하신 편집진께 감사드리고, 이 책을 시작으로 더 많은 탈무드 연구가 이어지길 소망합니다.

2025년 2월 심정섭

Part 1

복잡한 세상을
명료하게 보는 힘

서로 살 수 있는 길을
찾는 것이 정의다

하버드 대학교 교수인 마이클 샌델의 《정의란 무엇인가》라는 유명한 책도 있지만, 정의正義에 대해서 가장 많은 토론이 이뤄진 문서 기록 중 하나가 탈무드일 것이다. 탈무드에서 정의에 대한 토론의 출발점은 토라 신명기 16장의 "정의, 정의를 추구하라. 그러면 너희가 살 수 있고, 주 너의 하나님께서 너희에게 주신 땅을 물려받으리라"라는 모세의 설교다.

타협의 정의도 중요하다

이 부분에 대한 수많은 해석 중 탈무드 산헤드린Sanhedrin 32b에
서는 '서로 살 수 있는 상생의 길을 찾기 위해 타협하는 것도 정의
다'라는 견해를 제시한다. 탈무드 산헤드린 32b의 내용은 다음과
같다.

"정의, 정의를 추구하라"는 구절에서 언급된 두 개의 정의 중
한 가지는 판결의 정의를 말하고 한 가지는 타협의 정의를 말하는
것이다. 어찌하여 그런가? 두 배가 같은 강을 여행하다 서로 맞닥
뜨리게 되었다. 만약 두 배가 동시에 서로 지나가려 하면 배가 부
딪쳐 두 배 모두 가라앉는다. 강이 두 배가 다 지나갈 정도로 넓지
않기 때문이다. 만약 한 배가 비켜주고, 한 배가 지나간 후에 다른
배가 간다면 두 배 모두 지날 수 있다.

비슷한 예로 벳 호론Beit Horon으로 올라가는 좁고 경사가 가파른
비탈길에 두 마리의 낙타가 맞닥뜨렸다. 만약 두 마리가 같이 올
라가려고 하면 두 마리 모두 낭떠러지로 떨어진다. 만약 한 마리
씩 오르면 둘 다 같이 오를 수 있다.

그러면 이런 상황에서 어떻게 누가 먼저 갈 것인지를 정할 것
인가? 만약 한 배는 짐을 싣고 있고, 한 배에는 짐이 없다면 짐이
없는 쪽이 짐이 있는 쪽에 양보해야 한다. 만약 한 배가 목적지에
가깝고, 한 배는 목적지와 멀다면 가까운 쪽이 먼 쪽에 양보해야
한다. 만약에 양편 모두 목적지에 가깝거나, 멀다면 양쪽이 협상
해서 어느 쪽이 먼저 갈지를 정해야 한다. 그리고 만약 기다리는

쪽에서 기다리는 동안 어떤 손실이 발생한다면 양보를 받은 쪽에서는 그 손실에 대해 적절한 배상을 해야 한다.

이스라엘 건국 당시 초대 수상인 벤구리온Ben-Gurion은 이스라엘에 들어온 영향력 있는 랍비들에게 다음과 같은 질문을 보냈다.

"어떻게 세속적인 현대 국가가 서로 다른 가치와 법을 따르고 있는 종교 공동체와 공존할 수 있습니까?"

당시 가장 영향력 있는 랍비였던 아브라함 카렐리츠Avraham Yeshaya Karelitz은 아래의 탈무드 구절을 인용하며 답을 했다.

"만약 두 낙타가 좁은 길에서 만나면, 우리는 먼저 어느 쪽이 먼 길을 여행하는지, 또 어느 쪽이 더 무거운 짐을 지고 있는지를 살펴봐야 합니다. 이 비유를 주신 질문에 적용해본다면 국가가 종교 공동체에 좀 더 양보하고, 더 오랜 세월 동안 유지될 수 있는 가치들을 존중해주는 게 좋지 않을까요?"

갈등 상황에서 논리적으로 토론하기

물론 정치 지도자가 종교 지도자의 이런 조언이나 탈무드적 판단을 따를 수도 있고, 따르지 않을 수도 있다. 하지만 유대인들은 세상에서 일어나는 대부분의 갈등 상황을 탈무드나 토라의 기준으로 판단할 수 있고, 나름의 명확한 답을 얻을 수 있다고 본다.

유대교나 이슬람교는 다른 종교에 비해 종교가 정치나 신도들의 일상생활 곳곳에서 미치는 영향력이 크다. 정치나 갈등 상황의 해결뿐 아니라 먹는 음식이나 입는 옷 등 일상생활을 규제하는 것처럼 보인다. 종교가 없는 사람이나 규율이 적은 종교에 속한 사람들이 보기에는 너무 불편하고 자유롭지 않은 것처럼 느껴진다.

그런데 한편으로 이렇게 삶과 종교가 일치되는 삶은 수많은 판단과 결정을 해야 하는 일상생활 속에서도 신의 가르침이나 경전의 원칙은 무엇인가를 생각하고, 나의 자의적인 판단이나 상황이 아닌 나름의 원칙을 가지고 일관된 행동을 하게 하는 효과가 있다. 그리고 사소한 것에서도 내가 이것을 왜 하고, 어떻게 해야 하는가를 생각하는 습관은 정말 중요한 인생의 결정에서 좀 더 합리적이고 이성적인 판단을 할 수 있는 힘을 길러주기도 한다.

한 번은 알고 지내는 변호사에게 위의 탈무드 내용을 소개했더니, 그 변호사는 탈무드의 논리가 법원에서 논쟁하고 법리적인 다툼하는 것과 유사하다고 말해주었다. 사실 서양법의 내용이나 판례를 보면 탈무드식 논증을 갖다 쓴 것 같은 부분이 많고, 실제 서양의 법 체제를 만드는 데 유대인들이 많은 역할을 하기도 했다.

이성적인 토론을 통한 갈등과 문제 해결은 이상적인 모습이기는 하지만, 실제 생활에서 사람들은 대부분 감정과 심리적인 요인에 의해 중요한 판단을 하거나 의사 결정을 한다. 다니엘 카너먼 Daniel Kahneman과 같은 심리학자는 인간이 그렇게 이성적인 존재가 아니라고 말한다. 그는 여러 실험을 통해 사람들이 이성에 기초해서 경제적인 판단을 하지 않음을 밝히며 그 공로로 노벨 경제학상을 받았다. 지금도 여전히 사실에 기초한 이성적 판단보다, 미디어나 타인의 의견에 따라 중요한 의사 결정을 하는 현대인들이 많다.

그러나 상대가 서로 결과를 받아들이겠다는 열린 마음이 있으면 갈등이나 분쟁을 해결하는 가장 좋은 방법은 이성과 논리다. 그리고 그런 논리를 펴기 위해 평소에 꾸준히 주어진 상황을 이성적으로 판단하고 합리적인 결론을 끌어낼 수 있도록 훈련을 해야 하는데, 그런 면에서 탈무드 공부는 이런 훈련을 할 좋은 기회이기도 하다.

탈무드식 생각훈련

1. "정의(Justice)란 ○○이다"라고 나만의 정의(definition)를 내려보자. 나는 정의의 핵심을 무엇이라고 보고 있는가?

2. 정의로운 사회란 억울한 일이 없는 사회라고 할 수 있다. 평범한 사람들이 살면서 억울함을 느끼는 순간은 언제이고, 그런 억울함이 없는 사회를 만들기 위해서는 어떤 노력이 필요할까?

3. 가짜 뉴스를 통한 선동과 상업적 의도가 가득한 홍보나 마케팅에 의한 의사 결정이 만연한 사회적 분위기 속에서도 여전히 이성적 토론과 합리적인 결론 도출이 유용하다고 할 수 있을까?

섣부른 판단을 자제하고
상황에 맞는 답을 찾아라

한남동에서 랍비와 함께하는 토라나 탈무드 공부를 할 때, 가끔 랍비나 유대인과 인터뷰하고 싶다는 언론사 피디나 기자를 위해 통역해준 적이 있다. 그 과정에서 흥미로운 사실을 하나 발견했다. 대부분 질문자는 마치 답을 정해 놓고, 질문을 하는 것과 같았다.

한번은 토라 공부에 참석한 한 분이 랍비에게 이렇게 물었다.

"세월호 사건에 대해서 어떻게 생각하나요? 이스라엘에서는 이런 대형 참사가 없지요?"

랍비가 대답했다.

"이스라엘이라고 해서 이런 대형 사고가 없는 것은 아닙니다.

이 사건은 어떻게 보면 누가 잘못해서 그렇게 된 것이라고 보기보다, 우리가 모르는 거대한 섭리가 작용하는 것으로 생각할 수도 있습니다."

랍비가 이렇게 대답하니 질문한 사람은 약간 실망한 눈치였다. 그는 아마 이런 대답을 기대한 것 같다.

"맞다. 한국 교육은 맹목적인 복종만 가르치고 아이들에게 '왜 그런가?', '과연 이런 명령에 따라야 하는가?'라고 생각할 수 있는 깊은 생각훈련을 시키지 않았기 때문에 이런 비극이 생긴 것이다. 앞으로 한국이 발전하려면 유대인처럼 질문하고, 따져보는 훈련을 아이들에게 시켜야 한다."

"맞다. 이건 고속 성장과정에서 물질적인 이익만 바라고 정신적 가치와 생명 중심 사상을 소홀히 한 한국인들의 업보이고, 인재人災다. 이제는 한국도 좀 더 정신적인 가치를 추구하는 법을 배워야 한다."

"맞다. 이것은 무엇이든 빨리빨리 하고자 하고, 질보다는 양적 성장을 추구한 한국인의 잘못 때문에 생긴 일이다. 유대인의 꼼꼼함과 철저함을 배워야 한다."

어찌 보면 몇몇 한국 사람들 가운데 유대인 교육이나 유대 사상에 관심을 가지는 동기가 좀 순수하지 않은 사람들이 있다. 유대인 교육이나 사상의 핵심이 무엇이고, 그것에서 무엇을 배울까에 대한 생각보다 우리 사회의 문제에 대해 자신이 생각한 하나의 답을 뒷받침할 근거를 유대인의 사상과 교육적 원리에서 찾는 것 같다. 마치 이미 답을 정해 놓고 자신이 옳다는 것을 유대인에게 확인받기 위해 랍비나 유대인들에게 질문을 던지는 게 아닌가 하는 생각이 들었다. 하지만 이런 복잡한 문제에 대해 랍비가 주는 답 대부분은 "그건 그럴 수도 있고, 저럴 수도 있다"였다. 한마디로 '그때그때 달라요'였다.

랍비가 말했다. "한국 사람들의 '빨리빨리' 문화가 문제라고 하는데, '빨리빨리'가 항상 나쁜 것은 아니다. 가장 좋은 것은 빠르고 정확하게 하는 것이다. 빠름만 생각하고 정확성을 소홀히 하면 빠름이 오히려 문제가 될 수 있다. 하지만 어떤 때는 정확성보다 빠름을 선택해야 할 때도 있다. 빠르고 정확하고가 절대적인 기준이 아니고, 어떤 상황에서 어디에 더 우선순위를 둬야 할지에 대한 자신의 논리를 가져야 한다."

결국 이상적인 정답을 찾기보다, 주어진 상황에 맞는 자기만의 해답을 최대한 객관적인 논리로 찾으라는 것이 랍비가 말하는 요지이자, 탈무드의 기본 정신이기도 하다.

인간 세계에서 절대 선도 절대 악도 없다

유대인들은 그들의 신과 토라만을 절대적인 존재로 보고, 나머지는 상대적인 것으로 본다. 심지어 악마의 대명사인 사탄도 절대악으로 보지 않는다. 그렇기에 구약성경 욥기에서의 사탄은 신의 보좌 앞에 나아가는 다른 천사와 비슷한 모습으로 묘사되고 있다. 사탄은 신과 비슷한 능력을 갖춘 거대한 악마가 아니라, 고소인의 역할을 하는 하나의 천사인 셈이다.

또, 탈무드의 한 부분에서는 유대 왕국을 멸망시킨 바벨론의 네부카드네자르Nebukadnessar 왕이 수백 명의 유대 선지자들은 하지 못한 일을 해냈다고 말한다. 왕국 시절 수많은 선지자가 우상 숭배는 잘못된 것이라고 수백 년 동안 외쳤지만, 유대인들은 선지자들의 말을 듣지 않았다. 그들은 바벨론에 의해 남南 유다마저 멸망하고, 70년의 포로 생활을 하고 나서야 우상 숭배를 완전히 끊을 수 있었다. 어찌 보면 수백 년 동안 수많은 영적 지도자가 하지 못한 일을, 유다 왕국을 멸망시킨 적국의 왕이 일거에 해낸 것이다. 그러므로 적국의 왕이라고 무조건 '죽일 놈', '원수'라고 생각할 필요도 없는 셈이다.

인기 사극 〈정도전〉을 쓴 정현민 작가는 극 중의 인물을 묘사하며 선인이든 악인이든 어느 한 편으로만 좋게 혹은 나쁘게 묘사하지 않기로 했다고 한다. 악인은 악한 모습 60%, 인간적인 모습 40%로 그리고, 선인도 60% 선하고 40%는 부족한 모습을 그리는 식이다. 이는 그가 정치에 몸담던 시절 민주노동당에서 시작하여, 민주당과 새누리당을 거치며 나름 깨달은 인간관의 반영이라고도 한다. 그는 진보와 보수를 모두 경험해보며 진보도 보수도 언제나 나쁘기만 하고, 언제나 좋기만 한 것은 아님을 깨달았다고 한다.

섣부른 판단을 보류하라

우리나라에서 많은 사람이 특히 언론에서 너무나 쉽게 한 사람을 악인으로 혹은 영웅으로 만드는 경향이 있다. 그리고 우리는 너무 쉽게 그런 보도를 보고, 그 사람을 욕하고, 혹은 추종한다. 하지만 엄밀히 말하면 사람은 직접 겪어보기 전에는 모르는 것이고, 최소한 얼굴을 맞대고 그의 말을 들어보기 전까지는 섣부른 판단을 유보하는 것이 옳을 수 있다.

선거를 전후해서 유명 정치인을 만나본 독서 토론 가족들의 소감을 들으면서도 같은 느낌이 들었다. 정치적으로 우리를 이용하려는 게 아닌가 했던 정치인에게는 생각지도 못한 진심을 느끼고 푸근한 인상의 정치인에게서 오히려 가식과 표만 받아 가려는 불편한 본심이 읽혔다고 한다.

가능하면 다른 사람에 관한 성급한 판단을 하지 않고, 직접 내가 그 사람의 잘못이나 비행을 보지 않았다면 말을 하지 않는 것이 근거 없는 비방에 동참하여 다른 사람을 힘들게 하는 잘못을 저지르지 않는 지혜일 수 있다.

아래의 이야기는 아론 패리Aaron Parry가 쓰고 김정완 대표가 번역한 《탈무드 하브루타》에 나오는 예화다. 다른 유대 전승에서 내려오는 이야기를 아론 패리가 소개한 것으로 실제 탈무드 본서에 있는 에피소드는 아니다. 성경에 보통 엘리야라고 번역되는 선지자 엘리야후는 죽지 않고 하늘로 승천했다는 성경 기록이 있다. 이에 따라 유대 전승에는 엘리야후가 환생하여 나타나는 이야기가 많은데 다음의 일화가 그중 하나다.

옛날에 랍비 예호수아 벤 레비Yehoshua ben Levi가 엘리야후 선지자를 우연히 만난 때가 있었다. 랍비 예호수아는 엘리야후에게 함께 동행하면서 뭔가를 배우고 싶다고 요청했다. 엘리야후는 딱 잘라 거절했다. 랍비 예호수아가 이후 경험하게 될 것을 이해하지 못할 것이라는 이유에서였다. 또, 끊임없는 질문과 신학적인 의문이 생길 것이라고 했다.

그의 거절에도 랍비 예호수아는 엘리야후와 동행하기를 요청하며, 앞으로 함께하는 동안 어떤 질문도 하지 않겠다고 맹세했다. 엘리야후는 마침내 랍비 예호수아가 질문을 시작하는 순간 각자 헤어지자는 조건으로 동행을 허락했다.

저녁에 그들은 낡고 초라한 오두막에 다다랐다. 노부부가 밖에 앉아 있었다. 그들은 꽤 품위가 있는 사람들 같았다. 몹시 가난했지만, 나그네를 대접하고자 했다. 랍비 일행을 보자마자 뛰어나와 인사를 건네고 집으로 한사코 초대했다. 그들은 좋은 음식과 잠자리를 제공했다. 잠자리는 볼품없었다. 그 부부는 매우 궁핍했다. 그러나 그들은 가지고 있는 것을 기꺼이 나눠주었다. 최선을 다해 선행을 실천하고자 했다.

다음 날 두 여행자는 주인에게 인사를 하고 길을 떠났다. 노부부가 집에 들어가자, 랍비 예호수아는 엘리야후가 그 집의 암소의 귀에 뭐라고 속삭이고 있는 모습을 지켜보았다. 그 소는 노부부의 유일한 재산이자, 딱 하나뿐인 소득원이기도 했다. 그런데 엘리야후의 말을 들은 암소가 갑자기 쓰러지더니 죽어버리는 게 아닌가?

랍비 예호수아는 충격을 받았다. 그 부부는 그들에게 매우 잘 대해주었다. 그런데 왜 엘리야후는 소를 죽게 만든 것일까? 그는 하마터면 이런 부당함에 대해 한마디 할 뻔했다. 하지만 그는 어떤 질문도 하지 않기로 한 약속을 기억하고 속으로 삭힐 수밖에 없었다.

두 사람은 길을 걸으며 대화를 나눴다. 랍비 예호수아는 엘리야후가 노인들의 집에서 무슨 일이 일어난 것인지 조금이라도 말해주길 기대했다. 하지만 엘리야후는 대화의 주제를 바꿔서 다른 문제를 이야기했다. 저녁이 되기 전에 그들은 아름다운 집에 도착했다. 많은 가족이 그들을 보았지만 아무도 그들에게 호의를 베풀지 않았다.

그들은 부자인 집주인에게 다가가 그의 집에서 하룻밤 묵을 수 있는지 물었다. 두 학자를 쳐다본 주인은 거절하지는 않았다. 그러나 그는 여전히 냉정했다. 그는 아무런 음식도 건네지 않았고 한마디 말도 붙이지 않았다.

다음 날 랍비 예호수아는 엘리야후가 기도하는 모습을 발견했다. 부잣집의 한쪽 벽이 금이 가고 약해져 있었는데, 엘리야후는 신께 이 벽이 회복되고 튼튼하게 해달라고 기도했다.

랍비 예호수아는 그가 들은 것을 믿을 수가 없었다. 여기 이 사람은 랍비 일행을 친절하게 대접하지 않은 구두쇠였다. 그런데 엘리야후는 그를 위해 금이 간 벽이 다시 튼튼해지라고 기도했다. 반대로 전에 친절했던 가난한 부부는 그들에게 따뜻한 친절을 베풀었음에도 엘리야후는 그들의 유일한 소득원이었던 암소를 죽게 했다. 그러나 그는 질문을 하지 않기로 한 약속을 한 번 더 기억하고 아무것도 묻지 않고 더 지켜보기로 했다.

이후 두 여행자는 매우 아름다운 도시에 도착했다. 그 도시에 있는 모든 것이 번영과 부유함을 드러내고 있었다. 그들은 회당을 찾아갔다. 매우 웅장한 구조에 세련되고 멋있게 디자인돼 있었다. 심지어 벤치까지도 예쁘고 아름다웠다.

랍비 예호수아는 그들이 융숭하게 대접해줄 것이라고 기대했다. 그러나 기대와는 정반대였다. 그 사람들은 매우 불친절했다. 기도가 끝났을 때도 아무도 그들에게 다가가 음식을 대접하거나 잠자리를 제공하겠다고 하는 사람이 없었다. 마침내 그들은 어쩔 수 없이 그 밤을 회당에서 보내야 했다. 나무 벤치에서 잠을 잤고 저녁도 못 먹었다.

아침에 그 도시를 떠나며, 엘리야후는 그곳 주민들을 축복했다. '이 도시의 모든 사람이 지도자가 되게 해달라'고 기도했다. 이에 랍비 예호수아는 속으로 몹시 분개했다. 왜 의로운 엘리야후는 이런 못된 사람들을 축복하는가? 그들은 아주 조그마한 호의도 베풀지 않은 사람들인데 말이다.

그날 저녁 그들은 또 다른 도시에 도착했다. 첫 번째 도시만큼 잘 사는 것 같지는 않았다. 회당은 겨우 서 있을 정도였다. 그러나 사람들은 따뜻하고 친절했다. 그들은 두 여행자를 편안하게 하려고 애썼다. 그 도시를 나오기 전에 엘리야후는 그들을 축복했다. "신이시여, 이들 중 한 사람만 지도자가 되게 하소서."

랍비 예호수아는 더 이상 참을 수 없었다. 그는 엘리야후에게 말했다. "질문하면 더 이상 같이 길을 갈 수 없다는 것을 알지만 더는 안 되겠습니다. 지금까지 있었던 네 가지 사건에 대해 제발 좀 설명해주십시오."

그러자 엘리야후는 이렇게 말했다.

"우리가 맨 처음 만난 그 노부부는 매우 좋은 사람들이었고 우리에게 큰 친절을 베풀었지요. 그래서 나는 그들을 축복하고 싶었소. 그런데 알고 보니 그 집의 노부인은 그날 밤 죽을 운명이었소. 그날이 그에게 이 땅에서의 마지막 날이었던 것이오. 그런데 그들이 우리를 잘 대접해줌으로써 그 여자는 선을 행할 기회를 잡은 것이오. 친절을 베푼 선행의 결과가 너무 좋아서 그날 죽어야 하는 하늘의 결정이 폐지되었지만, 완전한 것은 아니었소. 그래서 나는 기도해서 비록 그들에겐 큰 의미가 있고 유일한 수입원인 것을 알지만 암소가 대신 죽게 해달라고 했소. 그리고 암소의 희생으로 그 부인은 새로운 삶을 살 수 있었소. 결국 암소의 죽음이 그들에게 큰 축복이 된 것이오."

"구두쇠의 집에 관한 것이오. 그 벽 안에는 매우 큰 보물이 묻혀 있었소. 그러나 그 벽은 약하고 곧 무너질 것 같았소. 그 주인이

지독한 구두쇠에다 불친절하게 행동했기 때문에 나는 기도해서 그 벽이 다시 튼튼하게 서서 그가 결코 그 보물을 발견하지 못하게 한 것이오."

"그러면 번영한 도시의 사람들은 어떻게 된 것입니까?" 랍비 예호수아가 물었다.

"나의 기도는 그들이 모두 지도자가 되게 해달라는 것이었소. 그것은 결코 축복이 아니오. 오히려 그것은 아주 반대라오. 왜냐하면 도시에서 발생할 수 있는 가장 나쁜 것은 모든 사람이 지도자가 되는 것이기 때문이라오. 마지막 도시에서는 시민들이 친절했소. 나는 그들을 정말 축복하고 싶어서 그들 중 딱 한 명만 지도자가 되게 해달라고 기도했던 것이오."

이 이야기를 전하며 랍비 아론 패리는 이렇게 말한다.

"이 이야기는 우리 모두에게 매우 강력한 교훈을 가져다준다. 사람들은 서로 다른 렌즈를 가진 망원경을 갖고 있다는 것을 알아야 한다. 우리는 그림의 일부만을, 그마저도 흐릿하게만 볼 수 있는 망원경을 통해 인생을 바라보고 있다. 그래서 우리는 의문을 가질 수 있다. 그것은 자연스러운 것이다."

그리고 또 이렇게 덧붙인다.

"우리 자신과 다른 사람들 그리고 세상에 대해 우리가 아는 것은 극히 제한적이다. 오직 신께서만 완벽하게 초점이 들어맞는 렌즈로 보신다. 사람들이 신께서 보시는 것처럼 그렇게 볼 수 있을까? 유대 신앙에서는 다가올 세상에서 메시아가 오시면 그는 자기의 망원경을 우리와 공유하실 것이며 그때야 모든 것이 분명하게 보일 것이라고 말한다."

정말 공감이 되는 말이다. 어느 신앙이나 세계관을 갖고 있든 지금 우리가 인간의 눈으로 모든 것을 완벽하게 이해하는 것은 불가능하다. 그렇기에 우리는 좀 더 겸손한 자세를 갖고, 최대한 섣부른 판단을 자제할 필요가 있다.

탈무드식 생각훈련

1. 넷플릭스 드라마 〈더 글로리〉에서는 학교 폭력을 행한 가해자가 '내가 너를 괴롭혀서 네가 열심히 살게 되었으니, 네가 잘된 것은 결국은 나의 덕'이라고 주장하는 대목이 나온다.
   탈무드의 '인간은 100% 선인도 100% 악인도 없다'는 주장은 때로는 이런 궤변을 뒷받침하는 논거로 쓰일 가능성이 있다. 악을 범한 사람들이 이런 식으로 자기 잘못을 빠져나가려고 할 때 어떤 논리로 그들의 주장을 반박할 수 있을까?

2. 일상에서는 모든 순간 깊은 사고를 하고 모든 사건에 대해 비판적인 사고를 할 수 없다. 완전하지 않지만 빠르게 판단해야 할 사안과 시간이 걸리더라도 깊은 사고를 해야 하는 사안을 어떻게 구분할 수 있을까?

변절자를
어떻게 대할 것인가?

올바른 신념과 가치를 가지고 살다가 말년에 자신이 지향하던 가치를 버리고 반대의 길을 가는 사람들이 있다. 이런 사람을 흔히 변절자變節者라고 한다. 자신이 말하던 신념이나 의지를 끝까지 지키지 않고 바꾸는 이를 말한다. 이런 변절이 발생하면 그의 사상이나 가르침을 믿고 따르던 많은 사람은 큰 혼란을 겪게 된다. 변절했으니 그의 모든 가르침이나 업적을 폐기해야 할지, 그의 변절은 비난하더라도 그의 가르침은 그대로 받아들여야 할지 고민에 빠진다.

변절은 아니더라도, 이와 관련해서 또 하나 생각해볼 주제는 인격이나 도덕적으로 심각한 결함이 있지만 예술이나 사상에서

탁월한 업적을 낸 사람에 대한 평가다. 사람은 보지 말고, 작품과 업적만 봐야 하는 건지. 사람이 문제가 있으므로 그의 작품이나 업적은 알리지 않거나 평가의 자리에서 빼야 하는지 판단하기가 어렵다.

엘리샤 벤 아뷰야의 변절

탈무드 하기가Hagigah 15b에는 이런 변절자를 어떻게 대해야 옳을지 긴 토론을 하는 대목이 있다. 탈무드에서 자주 인용되는 위대한 랍비 메이어Meir의 스승이기도 하고, 랍비 아키바Akiva와 동시대의 학자로 토라 연구에 상당한 공헌을 한 랍비 엘리샤 벤 아뷰야Elisha ben Abuyah는 말년에 자신의 신념과 신앙을 버리고 이교도적인 세계관을 받아들이며 민족을 배신했다. 탈무드에서는 그의 이름을 부르는 것도 꺼려서 이름이 아니라 '다른 사람'이라는 의미의 '아헤르Aher'라는 별명으로 등장한다.

아헤르에 대한 전반적인 평가는 박하다. 하늘의 심판정Court of Heaven에서는 아헤르의 토라 연구에 대한 공헌에도 불구하고 그를 영원한 세계World to come로 받아들일 수 없다는 의견이 주류를 이룬다. 많은 랍비는 어떻게 랍비 메이어가 그런 스승 밑에서 배워서 위대한 랍비가 되었는지에 대한 의문을 제기한다. 심지어 그의 스승의 잘못 때문에 랍비 메이어의 토라 연구도 하늘에서는 받아들여지지 않는다는 의견도 있다. 또, 아헤르가 죽은 후 생계가 어려위진 아헤르의 딸이 도움을 청하러 찾아오자, 그 당시 위대한 랍비였던 예후다 하나시Yehudah HaNasi는 아직도 아헤르의 씨가 남아 있냐며 그 딸을 쫓아내려고 했다.

랍비 메이어의 관용과 분별

이렇듯 젊은 시절 믿고 따랐던 스승이 변절하거나 자신이 가르친 바와 다른 삶을 살 때, 많은 경우 쉽게 스승의 잘못을 비판하고 공격한다. 하지만 탈무드에서는 비록 악한 사람이라도 그에게 신세 진 바가 있다면 직접 공격하거나 비난하지 말라고 한다.

이 문제의 당사자이기도 한 랍비 메이어는 스승의 변절에도 불구하고, 스승을 위해 하늘의 법정에 호소한다. 아헤르가 변절이라는 큰 죄를 지었지만, 그의 토라 연구 업적과 이전의 선행을 기억해서 자비를 베풀어 정당하게 하늘의 심판을 받게 해달라고 한다.

탈무드 토론에서의 전반적인 결론은 비록 아헤르가 변절했지만, 그의 가르침 전부를 버릴 필요는 없다는 쪽이다. 이런 견해를 지지하는 랍비들은 호두의 비유를 든다. 비록 호두가 진흙과 분비물 가운데 묻혀있다고 해도, 그 내용은 지저분해지지 않는다. 겉만 지저분하니, 흙을 걷어내고, 껍데기를 깨서 호두를 먹을 수 있다. 토라 학자도 마찬가지다. 비록 그가 죄를 지어도 그의 토라 공부에 대한 업적이 더럽혀지지는 않는다. 그의 죄와 인격적 결함은 걷어내고, 그 업적만 취할 수도 있다.

그리고 랍비 메이어는 스승의 변절에도 불구하고, 그의 잘못을 답습하지 않았고, 스승에게서 배울 점만을 취한 사람으로 평가되었다. 탈무드는 "그는 다 익지 않은 대추를 먹고, 그 껍질은 버린 사람이었다"라고 말한다. 즉, 메이어는 부족한 스승 밑에 있었지만, 스승의 좋은 점만을 배워 더 나은 학문적 업적과 인격적 완성을 이룬 사람이다.

변절자가 미치는 안 좋은 영향은 어떻게 할 것인가?

이렇게 비록 변절자의 가르침이라도 좋은 것은 취하자는 의견에 대해 몇몇 랍비들은 다음과 같은 문제를 제기한다.

"(이런 식으로 하면) 처음 배움을 시작하는 학생들에게 변절자도 용서받을 수 있고, 그의 가르침이 후대에 남을 수 있다는 것을 알려주는 셈이다. 많은 학생이 그런 잘못된 길을 따라가지 않을까?"

이에 대해서는 다음과 같은 답변이 주어진다. "나이가 어리고 배움이 부족한 학생들에게는 인격이 완벽하고, 끝까지 옳은 길을 간 스승의 가르침을 전해주고, 분별력이 있고 성숙한 학생들에게는 변절자의 가르침도 전할 수 있다. 그러면 그도 랍비 메이어와 같이 좋은 것은 취하고, 나쁜 것은 버릴 수 있을 것이다."

이렇게 탈무드는 변절의 문제에 대한 현실적인 해결책과 더불어 사람의 잘못으로 더 큰 가치와 이상이 쉽게 훼손될 수 없음을 분명히 한다. 이런 탈무드의 원칙은 우리나라 역사와 현실에서도 적용해볼 수 있다. 수많은 변절에 대해 우리가 어떤 평가를 하고 이런 변절을 막기 위해 어떤 노력을 해야 할지에 대한 답을 찾을 수 있다.

친일 작가 작품에 대한 평가

필자는 초중고 교과서에 나왔던 많은 유명 시인이나 소설가, 예술가들이 일제 강점기 말기에는 친일로 변절하고, 소극적 친일을 넘어 적극적으로 일본의 침략 전쟁 참여를 선전하면서 우리 민족을 사지死地로 몰아갔다는 사실을 대학교 때 처음 알았다. 심지어는 독립선언서를 쓴 육당 최남선이 나중에는 친일로 변절했고, 춘원 이광수와 같이 초기에는 독립운동에 동참했다 후기에 친일로 돌아선 작가들이 상당히 많다는 것을 알고 충격을 받았다. 그중 좋아하는 작가와 인물들도 있어 이들과 그들의 작품을 어떻게 평가해야 할지 혼란스러웠다.

최근에도 젊은 시절에는 어렵고 약한 사람을 돕고, 사회 정의에 앞장서다가 말년에 변절하여 권력에 아부하거나 자기 이익만 추구하고 사는 사람들을 목격하게 된다. 이런 역사와 현시대에 일어나는 변절의 현상을 해석하고, 이런 배신 가운데서도 나의 중심을 지키고 올바른 가치를 추구하기 위해서는 몇 가지 원칙이 필요하다.

첫째, 사람과 그 사람이 말한 이상이나 가치를 구분할 필요가 있다. 그 사람이 변절했다고 해서, 그가 말하고 가르쳤던 올바른 가치나 이상 자체에 문제가 있는 것이 아닐 수 있다. 사람은 연약한 존재이고, 그 사람도 어떤 한계에 부딪혀 자기가 말하고 가르친 대로 살지 못했을 수 있다. 위의 탈무드 토론에서 살펴보았듯이, 우리도 그의 변절은 걸러내고 그가 말한 가르침이나 가치는 남은 사람들이 더 잘 발전시켜 나가면 된다.

둘째, 사람과 업적을 분리한다고 해서 변절한 사람의 가르침이나 생애를 일부러 나이 어린 학생이나 아직 분별력이 부족한 사람에게 가르칠 필요는 없다. 우리나라 교육 현장에 적용하자면 최소한 초, 중등 교과서에서는 친일하거나, 민족을 배신한 작가의 작품은 다 빼는 것이 한 가지 방법이다. 그의 작품이 아무리 위대하더라도 작품을 설명하다 보면, 그의 삶을 말하지 않을 수 없다. 업적만 훌륭하면 인간적으로 잘못 살아도 된다는 잘못된 암시를 어린 학생들에게 줄 수 있다.

대신 끝까지 신념을 지키면서도 친일 작가들 못지않게 훌륭한 작품을 쓴 많은 시인과 소설가, 예술가들을 열심히 소개하면 된다. 그들은 친일 작가들과 동일하게 어려운 환경 속에서도 쉽게 타협하지 않고 인격적으로 훌륭한 삶을 살아냈다. 그들의 작품과 모범적인 삶을 열심히 배우기에도 시간이 부족할 것이다.

그리고 어느 정도 분별력을 갖춘 학생들에게 변절의 사례가 있었음을 소개할 수 있다. 이런 모습을 보며 그들도 삶을 살다 보면 타협과 변절을 할 가능성이 있으니, 나라면 어떻게 했을까를 생각하게 하고 토론할 기회를 주면 된다. 그리고 최종 판단은 그들에게 맡기는 것이다.

셋째, 이렇게 관용을 베풀어 변절, 인격적인 결함에도 불구하고 그의 연구나 작품이 후대에 남을 수 있음을 가르치는 동시에 만약 그가 변절하지 않고, 끝까지 지조를 지켰더라면 얼마나 더 큰 평가를 받을 수 있는지를 강조해야 한다.

탈무드에서의 결론도 이와 같다. 위에서 소개한 대로 아헤르의 딸이 먹을 것을 구해 랍비 예후다 하나시에게 찾아왔을 때 그는 아직도 아헤르의 씨가 남아 있냐고 화를 내며 아헤르의 딸을 내쫓으려 했다. 탈무드는 그때 하늘에서 불이 내려 예후다 하나시의 의자를 태웠다고 말한다. 그의 자비 없음에 대한 엄중한 경고였다. 이에 예후다 하나시는 울면서 자신이 죄를 미워하는 것을 넘어, 사람까지 미워하고, 관용과 자비의 마음을 갖추지 못했음을 반성했다. 그리고 이런 말을 한다.

"신께서는 아헤르처럼 토라를 무시하고 그 가르침을 폐한 사람도 이렇게 대우하시는데, 토라를 경외하는 사람에게는 어떻게 대우하실까!"

선으로 악을 이기는 전략

역사나 현재의 삶 속에서 우리는 여러 가지 이유로 인해 과거에 잘못을 저지른 사람에 대한 올바른 평가와 심판이 제대로 이뤄지지 못하는 상황을 맞이할 수 있다. 이때 취할 수 있는 대안은 과거 잘못을 올바르게 평가하기 위해 노력하는 동시에 올바로 산 사람들을 발굴해서 후대에 그런 롤모델을 적극 알리고 교육하는 것이다. 친일파에 대한 올바른 평가나 역사바로잡기와 더불어 더 힘써야 할 부분도 바로 독립운동하고 지조를 지킨 사람들을 제대로 알리고 후세에 전하는 일이다.

현실에 있어 변절의 모습도 마찬가지이다. 변절자에 대한 가장 합당하고 현실적인 대우는 무시다. 비난하고 싸우는 데 너무 많은 에너지를 쓸 필요가 없다. 그 대신 그의 공적은 나름대로 인정하고, 변절하지 않고 끝까지 올바로 살았던 사람들을 더 열심히 알려야 한다. 이런 식으로 한 사람의 변절자라도 더 줄여야 이 세상은 좀 더 나은 곳이 될 것이다.

탈무드식 생각훈련

1. 스승이 잘못했을 때 현명한 제자는 어떻게 그런 스승의 잘못을 지적하거나 바로잡을 수 있을까? 또 스승이 자기 잘못을 바로잡지 않아, 스승과의 관계를 끊거나 떠나야 할 때 어떤 방식으로 아름답게 관계를 정리할 수 있을까?

2. 세상에는 진리를 알고 올바로 실천하는 사람, 진리를 알지만 선을 실천하지 못하고 악하게 사는 사람, 진리를 모르고 악하게 사는 사람, 진리는 모르지만 그렇다고 남에게 해로운 행동은 크게 하지 않는 사람이 있다고 볼 수 있다. 이런 구분으로 볼 때 나는 어디에 속해 있다고 할 수 있을까? 그리고 진리를 알고 실천하는 최선의 삶을 살 수 없다면, 그다음 차선은 어떤 삶이라고 할 수 있을까?

권리만 주장하고
책임을 지지 않는 사람을 대하는 법

　가상의 상황이다. 하버드 대학에서 제국주의 시절 제국주의 국가들이 저지른 만행에 관한 토론이 벌어졌다. 식민 지배를 당한 국가에서 온 학생은 제국주의 국가에서 온 학생에게 자신들의 조상을 착취하고, 무죄한 수많은 사람을 죽인 죄에 대해 고백하고 용서를 구하라고 했다. 제국주의 국가 출신 학생들은 그건 과거 조상의 잘못이고, 나는 너희에게 잘못한 것이 없으니 사과할 필요가 없다고 했다. 과연 누구의 주장이 옳은 것일까? 그리고 사과가 정당하다면 어떠한 논리로 사과를 요구할 수 있을까?

　또 비슷한 사례로 다음과 같은 예화를 생각해볼 수 있다. 일본 군국주의 시절 만행에 대한 하늘의 심판이 열렸다. 일본 일반 시민들은 자신이 조선인을 경멸하고 무시하기는 했지만 직접 총칼을 들고 죽이지는 않았으니, 죄가 없다고 했다. 일본 군인들은 자신은 정부와 일부 국민이 시키는 대로 총칼을 들고 죽였으나 실제 그러고 싶은 마음은 없었고, 개인적으로는 조선인을 미워하지 않았다고 주장했다. 하늘의 심판정에서는 이들의 죄를 어떻게 다뤄야 할까?

세상을 살다 보면 이렇게 당연한 사과를 요구하는 것 같은데, 상대가 그럴듯한 논리로 상황을 왜곡하고 잘못에 대한 처벌을 회피하는 경우를 자주 겪게 된다. 이와 비슷한 맥락의 이야기를 탈무드에서도 발견할 수 있다.

황제의 질문과 랍비의 답변

하루는 로마 황제 안토니우스가 랍비 예후다 하나시에게 이런 질문을 했다(탈무드 산헤드린 91a-b).

"사람이 죽어서 하늘의 심판대에 섰을 때, 영혼과 육체가 서로 자기는 잘못이 없다고 주장하면 어떻게 되겠소? 영혼은 육체가 있어 죄를 지었다고 하고, 육체는 영혼이 시켜서 죄를 지었다고 서로에게 책임을 미룰 수 있지 않소?"

안토니우스가 어떤 의도에서 이런 질문을 했는지 탈무드는 정확히 말하고 있지 않다. 하지만 황제의 논리와 위에서 말한 일본인들의 논리가 비슷한 점이 있다. 영혼과 몸이 죄에 대한 책임을 서로에게 돌리듯이, 일반 백성은 군인에게 책임을 돌리고, 군인은 정부 지도자와 백성에게 책임을 돌린다. 이 문제에 대해 랍비는 뭐라고 답했을까?

예후다 하나시는 황제에게 다음과 같은 비유를 들었다. 옛날에 한 왕에게 좋은 무화과나무 과수원이 있었다. 왕은 과수원을 지키기 위해 두 명의 파수꾼을 세웠다. 한 사람은 걸을 수 없는 지체장애인이었고 한 사람은 시각장애인이었다. 누구도 서로의 도움이 없이는 과수원 나무 열매에 손을 댈 수 없었다.

왕이 자리를 비웠을 때, 지체장애인이 시각장애인에게 말했다. "내가 보니 과수원 무화과나무의 첫 열매가 열렸네. 와서 나를 자네 어깨에 올려주게나. 같이 가서 그 열매를 따 먹어보세."

이에 시각장애인은 지체장애인의 안내를 받아 무화과나무로 갔고, 그들은 같이 열매를 따 먹었다. 얼마 후 주인이 과수원에 돌아와, 파수꾼들에게 말했다.

"과수원에 있던 무화과나무의 첫 열매는 어디 있느냐?"

둘은 서로 자기가 한 일이 아니라고 혐의를 부인했다. 지체장애인이 말했다. "제가 걸어가서 열매를 취할 다리가 있습니까?" 시각장애인도 말했다. "제가 무화과나무까지 보고 갈 수 있는 눈이 있습니까?" 이에 주인은 그들이 무화과나무를 훔칠 때처럼 지체장애인을 시각장애인 어깨 위에 태우고 그들을 하나로 묶어 심판했다.

이 비유가 의미하는 것은 무엇일까? 영혼과 육신은 서로 분리될 수 있지만, 어떤 행위를 하기 위해서는 서로가 협력해야 하고 그 행위에 관한 결과는 서로 공동으로 책임져야 한다는 것을 알 수 있다.

열매를 먹었다면, 책임도 져라

이 탈무드의 원리를 일본인들의 논리에 적용해보면 하나의 답이 보인다. 일본 지도자들과 일본 군인, 혹은 일본 일반 국민과 학살을 저지른 일본 군인은 서로 각각의 주체로도 볼 수 있지만, 결국은 하나가 되어 죄를 지은 것이다. 그리고 일본의 침략을 통해 지도자들이나 국민이 이득을 보았다면 그 죄악에 대한 책임에서도 자유로울 수 없다.

일반 국민이 직접 학살을 벌인 것은 아니지만, 전쟁을 저지르는 정부를 막지 않고, 자식들을 침략 전쟁에 보낸 책임이 있다. 그러므로 그 죄에 대한 죗값은 서로 같이 나눠지는 게 합리적이다. 그리고 역사적으로 일본의 일반 국민도 도쿄 대공습이나 원자탄 투하로 전쟁범죄에 대한 심판을 일부 받기도 했다.

그러면 첫 번째 소개한 '조상의 잘못이니 나는 사과할 필요 없다'는 제국주의 국가 출신 학생의 주장은 어떻게 반박할 수 있을까?

이들이 가지고 있는 논리의 전제는 조상은 조상이고, 나는 나니 조상과 나를 분리해야 한다는 것이다. 그리고 조상의 삶이 나와는 관계없다는 전제를 깔고 있다. 그런데 과연 이런 전제가 옳을까? 우선 그 제국주의 국가가 일본이라고 생각해보자. 그들은 태어나면서 일본인의 국적을 가지고 있다. 그러면 그들이 일본을 처음 만든 것인가? 그들은 태어나면서 그들의 조상이 만든 나라를 물려받았고, 나라가 준 국적을 받았다.

그리고 그들이 지금 누리고 있는 강력한 경제력과 군사력은 지금 세대의 노력만으로 얻은 게 아니다. 자기가 조상들이 이룩한 좋은 것을 상속받고자 한다면 조상들이 저지른 잘못과 죄악도 같이 상속하는 것이 합리적이다. 즉, 현재의 일본인과 과거의 일본인은 떼려야 뗄 수 없는 관계다. 과거의 일본인이 없었다면 지금의 일본인도 없기 때문이다.

그렇기에 조상과 나를 분리해야 한다고 말하는 이들에게는 이런 반대 논리를 펴볼 수 있다.

"좋다. 너와 너의 조상이 서로 관계가 없다면. 지금 네가 누리고 있는 일본인으로서의 권리와 부모나 조상들이 물려 준 돈이나 유산도 포기하길 바란다. 좋은 것만 물려받고, 나쁜 것은 피하겠다고 하면 너무 이기적인 것 아닌가? 조상들의 죄에 대해 사과할수 없다면, 너희 조상들이 물려 준 좋은 것도 다 포기하고, 처음부터 네가 조상과 관계없는 국가를 새로 만들어서 시작해봐라. 그럴수 있다면 너의 주장을 받아들이겠다."

합해야 할 것은 분리하고, 분리해야 할 것은 합해서 논점을 흐리고 자기의 유익을 구하는 악한 사람들이 있다. 또 우리도 종종 눈앞의 이익에 집착하여 이런 식으로 자신의 책임을 회피하거나 무임승차해서 열매만 따 먹으려고도 한다. 모두 정의롭지 못한 일이다.

이번에 다룬 여러 예화는 어떤 사안은 분리하지 않고, 합해서 살펴보는 것이 옳은 판단임을 보여준다. 하지만 '선행으로 불의한 행위를 덮지 말라'는 다른 탈무드의 교훈은 선행은 선행대로 상을 주고, 악행은 악행대로 처벌받을 수 있도록 공과功過를 합하지 말고 분리하라고 말한다. 세상은 이렇게 복잡하다. 비슷한 사안인 것 같은데 어떤 때는 합해야 하고 어떤 때는 분리해야 한다. 그렇기에 평소에 복잡한 세상 속에서도 올바른 판단을 할 수 있는 깊은 생각훈련이 필요하다.

탈무드식 생각훈련

1. 동화나 소설 속에서는 선한 사람이 결국 승리하고, 악한 사람들이 패배한다는 권선징악이나 사필귀정의 스토리가 많지만, 현실에서는 오히려 악인이 승리하고 선한 사람들이 억울함을 당하는 일이 많은 것 같다. 이런 불의한 현실 속에서 우리는 어떤 마음가짐을 가지고 살아야 할까?

2. 적절한 사과는커녕, 오히려 잘못 한 사람들이 더 화를 내고, 자기주 장을 하는 적반하장의 경우를 일상생활에서 많이 접하게 된다. 이런 일을 막기 위해서는 어떤 개인적, 사회적 노력이 필요할까?

악인이 높은 자리에 오르는 모습을
어떻게 해석해야 하나?

《1% 유대인의 생각훈련》을 읽은 독자로부터 재미있는 질문을 하나 받았다.

"선생님 이 책에서는 리더의 자질에 관한 내용이 많이 나오는데, 주변에서 힘과 권력을 갖거나 중요한 자리에 있는 사람들이 이 책에서 말하는 리더의 자질을 갖추지 못한 경우가 많습니다. 리더의 자질은커녕 자기 이익만 추구하고 악한 짓을 많이 하는 사람들이 높은 자리에 오르는 이 세상의 모순은 어떻게 설명할 수 있나요?"

이런 질문에 어떻게 답하겠는가? 탈무드식으로 생각해보면 우선 다음과 같은 질문을 던져볼 수 있다.

"그러면 선생님이 말하는 '리더'란 어떤 사람인가요?"

리더란 말 그대로 자기를 따르는 사람들을 좋은 곳으로 인도하는 사람이다. 다른 사람들을 이끌기는 하는데, 나쁜 곳으로 인도하거나 자기를 따르는 사람들을 착취하고 이용만 해먹는 사람들은 진정한 리더라고 할 수 없다. 하지만 우리 주변에는 이른바 '장長' 자리에 있는데 어떻게 그런 자리에 올라갔는지 제대로 설명하기 힘든 사람들이 많다.

직장에서도 영악하게 자기 이익을 챙김과 동시에 동료나 부하 직원들의 공을 가로채고 자기 잘못을 감추면서 승진하는 사람들이 있다. 장사판에서도 영악한 상인이 양심적이고 착한 상인보다 돈을 더 많이 벌고, 사업을 잘 확장하기도 한다. 역사에서도 마찬가지다. 의로운 사람들을 죽이고 왕이나 통치자의 자리에 오르는 사악한 사람이 한둘이 아니다.

흉악한 조직의 우두머리는 '괴수魁帥'라고 한다. 못된 짓을 하는 무리의 장수라는 말이다. 정말 짐승만도 못한 사람이 높은 자리에 있고, 우두머리가 되는 경우를 우리는 실생활이나 역사 속에서 수없이 보게 된다.

악인들이 승리하는 이유

그러면 왜 이런 안타까운 일이 일어나는 것일까? 좀 더 깊이 생각해보면, 이는 너무나 당연한 일이다. 돈이나 권력을 차지하는 전쟁터에서는 선하고 의로운 사람보다 강한 사람이 단기간의 승리자가 되기 때문이다. 우리는 너무 순진하게 의롭고 착한 사람이 싸움에서 승자가 된다고 생각하는 경향이 있다. 권선징악을 가르치는 동화나 영화를 어려서부터 너무 많이 봐서 그런 것 같다.

물론 길게 보면 정의가 승리한다. 악인의 성공은 오래갈 수 없다. 사악한 자는 오랫동안 통치하기 힘들고, 악덕 장사치가 장사를 오래 하기도 힘들다. 사람들이 권력과 돈 때문에 일시적으로 복종하지만, 그들의 힘과 돈이 떨어지면 결국은 그들을 떠난다. 하지만 의롭고 강한 사람이 나타나 이전의 불의와 반칙을 정리해주기 전까지는 오랫동안 사람들은 악하지만 강한 사람이 승리하는 것을 지켜봐야 한다. 그리고 그 기간이 짧지 않을 수도 있다. 현실적으로 대부분은 악한 사람 다음에 더 악한 사람이 나타난다. 완전히 바닥을 찍고 악함의 끝장을 봐야 선하고 강한 사람이 나타나는 경우가 많다.

악한 자들이 이기는 현실을 견디는 방법

그러면 우리는 악하지만 강한 사람들이 승리하는 현실을 어떻게 견뎌야 할까? 너무나 당연한 이야기지만 우선 힘을 길러야 한다. 안타깝지만, 힘을 길러 내 힘으로 악한 자들을 제압할 때까지는 그들에게 당할 수밖에 없다.

또 한 가지 방법은 힘이 약할 때 될 수 있으면 강한 자와 싸움을 하지 않는 것이다. 힘이 적을 때는 가능한 쓸데없는 싸움을 줄이고 최대한 체력을 아껴두었다가, 결정적인 한 방을 준비해야 한다. 하늘이 돕는다면 온 힘을 다해서 한 방 쳤을 때 받아치는 주먹에 걸려 강한 상대가 어이없이 무너지기도 한다.

그런데 역사적으로 보면 약하지만 의로운 사람들이 악한 사람들과 작은 싸움을 하다가 너무 힘을 빼고 제대로 된 힘을 기르지 못하는 경우가 많다. 그래서 간신히 싸움에 이기고 자신들이 힘을 가졌을 때, 제대로 힘을 써보지도 못하고 또 다른 악한 사람들에게 반격당하는 경우가 많다. 이른바 혁명 이후에 더 강한 반동이 일어나고 더 나쁜 상황이 전개되는 현상이다. 그렇기에 힘을 기르되 진정한 힘을 길러야 한다. 다시 악한 세력이 도발할 때 언제든지 완전히 제압할 수 있을 정도가 되어야 한다.

진정으로 강한 자는 누구인가?

이런 식으로 자꾸 '힘, 힘, 힘' 하면서 인간의 삶과 역사를 해석하면 힘과 이익을 절대화하는 듯한 비참한 생각이 든다. 또 '약육강식'이라는 동물적 질서를 인간사회에 적용하며 결국 인간도 동물과 다를 바 없다는 자괴감에 빠지기도 한다. 하지만 이런 질문을 던져보자.

"힘이 있는 사람들은 자유로운가?"

"남을 죽이고 싸움에서 이긴 사람들은 행복한가?"

히틀러나 스탈린 같은 독재자들은 잠깐 자유롭고 행복했을지 몰라도 진정한 자유인이라고 볼 수 없다. 그들은 엄밀히 말하면 '권력 중독자'들이었다. 중독 전문 의사인 가보 마테Gabor Mate는 역사상의 권력 중독자들은 다 열등감이 있었다고 말한다. 나폴레옹은 작은 체구, 히틀러는 오스트리아 혈통, 스탈린은 조지아 인이었다. 자신들의 열등감을 감추기 위해 그들은 더 폭력적으로 변해 갔다. 이는 우리나라 역사를 봐도 마찬가지다. 폭력적인 지도자들 대부분은 자신의 외모나 학벌, 지식, 인격에 상당한 열등감을 가지고 있다.

탈무드 피르케이 아보트Pirkei Avot 4장에는 이런 말이 있다. "누가 강한 자인가? 자신의 악한 본성을 정복할 수 있는 사람이다. 자신의 감정을 다스릴 수 있는 자가 성城을 정복하는 자보다 나은 사람이다."

철학적으로 보면, 돈과 권력을 가지고 경쟁에서 승리하는 사람은 강한 것처럼 보이지만 진정으로 강한 사람이 아니다. 진짜 강한 사람은 자기를 통제할 수 있는 사람이다. 그러므로 우리는 이렇게 정리해볼 수 있다. 우선 자본주의 사회의 경쟁에서, 입시 경쟁에서, 권력 투쟁에서 살아남기 위해서는 힘을 길러야 한다. 최소한 깡패 같은 권력자나 악덕 업주에게 굽실거리고 생계를 구걸

하지 않을 정도의 힘이나 경제력은 갖춰야 한다. 그러고 나서 도덕이나 정의를 따져야 한다. 하늘이 도와서 우리가 돈과 권력을 가진 '갑甲'의 입장이 된다면 돈과 권력에 취해 사악한 사람들이 했던 짓을 반복하지 말고, 스스로 돈과 권력을 내려놓고 진정한 자유인이 되는 길을 찾아야 한다.

종교적으로는 이런 길을 걸은 선각자들이 많이 있다. 부처님은 왕세자로서의 부와 권력을 내려놓고, 참 자유의 길을 찾아 떠났다. 예수님은 병을 고치고 수천 명을 먹일 힘이 있었다고 하는데, 한 번도 그런 기적적인 힘을 자신의 유익을 위해 쓰지 않았다. 힘이 있으나 힘을 나쁜 쪽으로나 자기 유익만을 위해 쓰지 않는 자가 진정으로 강하면서도 자유로운 사람이다. 하지만 힘이 없어서 쓰지 못하면서 자유로운 척하는 것은 비참한 자기 위안이다. 먼저 힘을 길러야 한다. 그런 다음 힘을 내려놓고 더 큰 자유를 추구해야 한다. 그렇지 않으면 힘의 노예가 될 수밖에 없다.

탈무드식 생각훈련

1. '악인의 형통*亨通*함을 어떻게 봐야 하는가?'는 성경이나 다른 인문 고전에서의 중심 주제 중 하나였다. 그런데 여기서 말하는 형통함을 어떻게 정의할 수 있을까? 대부분 사람이 말하는 형통은 하는 일이 잘되고, 건강하고, 돈을 많이 버는 물질적인 축복을 의미한다. 돈과 건강, 성공이 중요하지만 그것이 전부일까? 그것보다 더 중요한 가치가 있을까?

2. 1번의 의견과는 반대로 자신이 갖지 못한 것을 노력도 하지 않고, 나는 그것이 필요하지 않다고 말하는 사람들이 있다. 이른바 '신포도 sour grape' 현상으로 이솝 우화에서 포도를 따 먹을 수 없게 된 여우가 "저 포도는 셔"라고 폄하하고 지나가는 것과 같은 모습이다. 자신과 가족은 절대적인 빈곤과 불건강 상황에 있으면서 "돈이 전부가 아냐", "건강이 전부가 아니야"라고 자기 위안하고 현재 상황을 개선하기 위해 어떤 노력도 하지 않는 사람들은 어떻게 바라봐야 할까?

유대인들의
코로나 대응법

2020년 초반 코로나바이러스가 전 세계에 퍼지고 있었을 때 유대인 사회에서도 다양한 반응이 나왔다. 대부분 유대인이 정부의 방역 방침이나 백신 접종 정책을 따랐지만, 일부 정통파 유대인 공동체에서는 방역 방침을 무시하고 예정된 모임을 진행하거나 백신을 거부하기도 했다.

코로나 확산 초기 세파르디Sephardi계 유대인의 수석 랍비인 이츠학 요세프는 "어떤 율법도 보건 당국의 지침을 무시할 수 없다"라며 정부가 발표하는 지침을 철저히 따라줄 것을 요구했다. 또, 전체 유대계의 80% 정도를 차지하는 아슈케나지Ashkenazi 계통의 수석 랍비인 데이빗 라우도 이런 지침에 동의하며, 될 수 있으면 이웃

방문을 삼가고, 자가 격리로 어려움에 부닥친 사람들을 도울 수 있는 방법을 찾으라고 권했다.

코로나 초기 이스라엘에서는 100명 이상이 모이는 집회나 행사를 금지했다. 통곡의 벽에서의 기도도 인원을 제한하고 거리 두기를 했다. 신앙적인 면에서는 다른 종교 못지않은 열정을 가진 유대교에서 이런 재난 상황의 정부 방침에 적극적으로 따르라고 하는 것은 여러 역사적 경험과 탈무드 원칙이 있기 때문이다.

재난 상황에서의 종교 생활

한 번은 이민족이 일부러 안식일에 유대인 도시를 공격했다. 도시 안의 몇몇 강경파들은 유대인은 안식일에 일을 할 수 없고 전쟁도 일이므로 싸울 수 없다고 말하며 시민들에게 무기를 들지 말라고 주장했다. 계명을 지켰으니, 신께서 지켜줄 것이라고 했다. 하지만 결과는 뻔했다. 그곳의 유대인은 적에게 전멸했다.

하지만 이후 랍비들은 탈무드 토론을 통해, 이런 언뜻 보면 굉장히 믿음이 있어 보이는 행위가 정작 신의 뜻과 맞지 않는다는 성경적 근거를 찾아냈다. 그들은 안식일에 관한 여러 구절 중 "너희가 안식일들을Sabbaths 지키라(출애굽기 31장 13절)"라는 말에 주목했다. 우리말 성경에는 단수 '안식일'로 번역되었지만, 히브리 원어나 영어는 다 복수로 표시되어 있다.

랍비들은 이 구절을 근거로 한 번의 안식일을 어겨 더 많은 안식일을 지킬 수 있다면, 불가피하게 안식일에도 일을 할 수 있다고 결론을 내렸다. 그리고 이런 특수한 상황은 전쟁이나 화재, 죽어가는 생명을 살리는 일로 규정했다. 이런 일이 일어났는데도 안식일을 지켜야 하니까 싸우지 않거나 죽어가는 사람을 살리지 않는 것은 어리석은 일일 뿐 아니라 신의 뜻에도 맞지 않는다고 보았다.

코로나 사태에서 유대인들의 종교적인 모임을 최소화하라는 지침도 이런 맥락에서 나왔다. 제대로 된 유대인이라면 누구도 "신께서 코로나바이러스를 이기게 해줄 것이기에, 겁먹지 말고 모이자"라고 말하지 않는다. 언뜻 보면 대단한 믿음처럼 보이는 이런 주장이 사실은 신앙의 기초를 무너뜨리는 결과를 낳을 수 있기 때문이다. 무리해서 많은 사람이 모이는 종교 행사를 하다가 확진자가 나오면 그곳이 폐쇄될 뿐 아니라, 앞으로 수많은 사람이 한동안 그곳에서 모일 수 없다. 그리고 바이러스를 타인에게 전파하게 되면, '다른 사람을 섬기라'는 가장 큰 계명을 어기게 된다.

아울러 유대 공동체는 코로나 기간에 더 많은 선행을 실천하라고 권했다. 병원 입원이나 격리로 외로워하고 힘들어하는 사람에게 문자나 메일을 보내고, 경제적으로 어려운 사람에게 자선을 베풀라고 했다. 또, 집에 있는 시간 동안 분주해서 읽지 못했던 토라와 탈무드 공부도 좀 더 하고, 가족과 더 많은 대화를 나누라고 권한다. 그리고 우울한 상황에서 유머를 잃지 않도록, 재미있는 이야기나 유머를 서로 전하며 '해피 바이러스'가 되라고도 한다. 이렇게 탈무드 속에는 어떤 상황이 와도 어떻게 대응해야 할지를 가르쳐주는 상세한 지침이 있다.

탈무드식 생각훈련

1. 일부 종교에서는 이성을 뛰어넘는 초월적 경험을 강조하며 과학이
   나 상식에 어긋나는 행동을 부추기는 모습이 나타나기도 한다. 이성
   과 초월의 적절한 균형은 어떻게 찾을 수 있을까?

2. 《사피엔스》의 저자 유발 하라리는 종교가 화폐, 제국의 질서와 함께
   인간이 만들어 낸 하나의 스토리며 나름의 역사적 기능을 하며 사람
   들을 통합하고 발전시켰다고 말한다. 종교는 인간 역사상 많은 순기
   능과 역기능을 했는데, 현대와 미래 사회에서 종교의 올바른 역할은
   무엇이라고 할 수 있을까?

Part 2

인간관계를 바꾸는
탈무드식 생각

나에게는 인색하고,
남에게는 관대하라

많은 사람이 돈을 많이 벌어서 어려운 이웃을 도우며 살고 싶다고 말한다. 하지만 막상 돈을 많이 벌었을 때, 실제로 많이 기부하거나 자선하기 쉽지 않다. 돈이 없는 사람들은 돈이 없어서 자선하지 못한다고 한다. 그러면 자선은 누가 할 수 있을까? 탈무드에서는 평범한 사람들이 자선을 실천하는 방법으로 평소에는 절약하며 최대한 저축하여 두었다가 필요한 사람이 있을 때 넉넉하게 베푸는 전략을 제시한다.

아낌없이 기부하는 부부

　한때 어떤 랍비들이 기부금이 필요했다. 그들은 모금을 위해 랍비 아키바와 다른 한 명의 랍비를 마을로 보냈다. 두 랍비가 벤 마이비 야인Ben Maivi Yayin의 집에 이르렀을 때, 그들은 야인의 아들이 아버지에게 묻는 소리를 들었다.

　"오늘 무엇을 사다 드릴까요?"

　"상추를 좀 사되, 신선한 것을 사지 마라. 가게에서 어제 팔다 남은 것을 사렴. 좀 시들었어도 그게 쌀 거야."

　이 대화를 듣고, 아키바와 다른 랍비는 부유하고 자비롭던 이 사람에게 어떤 일이 생겨 돈을 다 잃었다고 생각하고 야인을 만나지 않았다. 그리고 먼저 마을의 다른 사람들을 찾아가 모금하기로 했다. 마을을 한 바퀴 돌고 나서 돌아가는 길에 야인의 집에 잠시 들르자, 그가 물었다.

　"왜 평소대로 제게 먼저 오시지 않았습니까?"

　"사실 저희가 먼저 오기는 했지만, 댁의 자제분과 나누는 대화를 듣고…."

　그러자 야인은 랍비들에게 말했다.

　"선생님들은 저와 제 아들이 나누는 대화는 들으시고, 제가 하늘에 계신 아버지와 나누는 대화는 못 들으셨군요. 저는 제 개인적인 필요에 있어서는 제게 인색할 자유를 가지고 있지만, 자선을 베풀라는 창조주의 계명을 지키는 데는 인색할 자유가 없습니다.

가서 제 아내에게 말하면 돈이 든 자루를 줄 겁니다."

랍비들이 야인의 부인에게 가자, 아내가 물었다.

"남편이 돈을 자루에 넘치게 담으라고 했나요, 아니면 자루 끝까지 담으라고 했나요?"

"그에 대해서는 아무 말씀도 없었는데요."

그러자 그녀는 "그렇다면, 저는 우선 자루가 넘치게 돈을 담아 드리겠습니다. 만약 남편이 넘치게 드리기를 원했으면, 제가 남편이 원하는 대로 한 것이고, 혹시 남편이 자루 끝까지만 채우기를 바랐다면, 저희 결혼 서약에 남편이 제게 주기로 약속한 돈을 써서라도 그 차액을 채우겠습니다."

후에 야인은 이 이야기를 듣고, 결혼 서약서에서 아내에게 주기로 한 돈의 두 배를 아내에게 주기로 약속했다.

관대함과 인색함의 대상

위의 본문에서 나온 인색함과 관대함을 기준으로 베풀고 사는 삶을 네 가지로 구분해볼 수 있다. 예화를 기준으로 좀 더 명확히 말하면 인색함은 돈을 적게 쓰는 것이고 관대함은 '지나치게 돈을 많이 쓰는 것'이라고 할 수 있다. 우선 간단히 정리하기 위해 관대와 인색이라는 용어로 통일해보겠다.

첫째는 자신에게 관대하고, 남에게도 관대한 사람이다.

둘째는 자신에게 관대하지만, 남에게는 인색한 사람이다.

셋째는 자신에게는 인색하지만, 남에게 관대한 사람이다.

넷째는 자신에게 인색하고, 남에게도 인색한 사람이다.

비슷한 내용이 탈무드 피르케이 아보트 5장 10절에도 있다.

세상에는 네 부류의 사람이 있다.

첫째는 "내 것은 네 것이고, 네 것은 내 것이다"라고 말하는 자. 분별력이 없는 바보다.

둘째는 "내 것은 내 것이고, 네 것은 네 것이다"라고 말하는 자. 평범한 사람이나, 죄를 지을 가능성이 있다.

셋째는 "내 것은 당신 것이고, 당신 것은 당신 것이다"라고 말하는 자. 바로 경건한 사람이다.

마지막으로 "내 것은 내 것이고, 네 것도 내 것이다"라고 말하는 자. 말할 것도 없이 악한 사람이다.

이 기준으로 말하면, 자기에게 인색하고 남에게도 인색한 사람은 바보이며, 스크루지와 비슷한 사람이다. 그 많은 돈을 자기에게도 쓰지 않고, 남에게도 베풀지 않다가 끌어안고 죽을 사람이다. 둘째로, 자기에게는 관대하고 남에게는 인색한 사람은 평범한 사람이나 죄를 지을 가능성이 있다. 베풀지 않는 마음 때문에 사회는 각박해지고, 결국 자기도 피해를 보게 된다. 셋째로, 자신에게는 인색하지만, 남에게는 관대한 사람은 경건한 사람이고 인격자라고 할 수 있다. 마지막으로 자기에게 관대하고, 남에게도 관대한 사람은 이상적이지만 현실적으로 존재하기 힘든 사람이다.

사치와 풍요를 누리고 살면서 다른 사람들에게 많은 자선을 베풀며 사는 사람은 정말 드물기 때문이다. 역사상 큰 자선을 한 부자들은 대부분 자신은 근검절약하며 남에게 통 크게 베풀면서 도왔던 사람들이었다.

서민들이 베풀며 살 수 있는 지혜

서민의 처지에서 자기 생계를 유지하며 베풀며 살 수 있는 가장 현실적인 방법은 근검절약해서 넉넉히 자선할 수 있는 돈을 저축하는 것이다. 지인知人이 다니는 교회는 십일조를 걷지 않는다. 사역자들도 자비로 사역해서, 사역자의 사례를 신도들이 따로 지급하지 않는다. 대신 자기 소득의 십일조를 모아 주변의 힘들고 어려운 친척이나 이웃을 돕거나 본인이 원하는 선교지를 후원한다. 지인은 매달 수입의 십분의 일을 정직하게 모아둔다. 조금씩 정기 후원을 몇 군데하고 큰돈은 모아 두었다가 어려움을 겪고 있는 친척이나 이웃들이 있으면 목돈으로 돕곤 한다.

전에는 친척들이나 어려운 이웃을 도울 때 좀 더 많이 돕고 싶었지만, 가정 형편을 생각하면 큰 금액을 줄 수 없어 안타까운 적이 많았다고 한다. 그런데 이 방법을 쓰니 훨씬 큰 도움을 줄 수 있어 마음이 뿌듯하다고 한다. 또, 아예 수입의 10분의 1은 내 돈이 아니라고 생각하니, 친척이나 이웃들이 도움의 손길을 내밀 때 인색한 마음이 안 생긴다고 한다.

형편이 넉넉한 사람만 기부하고 금전적으로 다른 사람을 도울 수 있는 것은 아니다. 자기 형편에 맞게 일정 금액을 떼어놓았다가, 진정으로 그 돈이 필요한 사람을 돕는 것은 주는 사람이나 받는 사람 모두를 살리는 자선이 될 수 있다.

탈무드식 생각훈련

1. 이 예화와는 달리 평범한 사람들은 자신에게 관대하고, 남들에게 인색하다. 야인Yayin 부부는 어떻게 자신들에게는 인색하고, 남들에게는 관대한 삶을 살 수 있었을까?

2. 이 이야기를 듣고 "돈을 열심히 버는 목표 중 하나는 좀 더 잘 먹고, 잘 살면서 행복을 추구하기 위함인데, 돈이 많은데도 이렇게 궁상맞게 살고 싶지 않다. 나는 내가 누릴 것을 충분히 누리고 남는 것이 있으면 자선하겠다"라고 말하는 자녀나 지인들에게는 위의 교훈을 바탕으로 어떻게 이야기해야 할까?

3. 자선을 반대하는 이들은 종종 어렵고 힘든 사람을 자꾸 도와주게 되면 그 사람을 게으르게 만들어 결국 자기 힘으로 일어나지 못하게 된다고 주장한다. 이런 식의 논리가 타당할 때와 그렇지 않을 때는 각각 언제이고, 이런 부작용을 막기 위해서는 어떤 조치가 필요할까?

재미와 생각할 거리를 주는
고품격 유머를 나누자

　유대인들은 수많은 핍박과 환란 가운데서도 유머를 지킨 민족으로 유명하다. 유머는 어려움과 고통 가운데서도 희망을 찾고, 세상의 긍정적인 면을 보게 하는 비타민 같은 역할을 한다. 필자가 한남동에서 유대인 랍비와 토라 스터디를 할 때, 랍비는 항상 교재 앞부분에 있는 유머를 읽어주며 수업을 시작했다. 아래는 토라 스터디 때 들었던 유머 중에서 《1% 유대인의 생각훈련》에 소개하지 못했던 몇 가지를 정리한 것이다.

말 더듬이

한 마을에 말을 심하게 더듬는 사람이 살았다. 생계를 위해 도시에 가서 일자리를 구하려고 했다. 간신히 찾은 곳이 방문 판매로 성경을 파는 작은 출판사였다.

"어… 어… 얼마에… 파… 팔아야… 하… 하… 나… 요…."

"한 권당 10달러에 팔면 됩니다. 그런데 이렇게 말을 심하게 더듬어서 어떻게 판매할 수 있겠어요?"

"거… 거… 걱정… 마…마십…시오…."

이렇게 말하고, 성경책 10권을 주었더니, 그 사람은 하루에 한 권도 팔기 힘든 성경을 반나절도 안 되어 다 팔고 돌아왔다. 주인이 신기해서 물었다.

"우리가 나가서 팔아도 하루에 한두 권 팔기도 쉽지 않은데 어떻게 다 팔았죠?"

"그… 그… 그리… 어렵지… 않았어요."

그리고 더듬거리는 말로 이렇게 설명했다.

"벨을 울리고 주인이 나오면 이렇게 말했습니다. '저는 성경을 팔고 있는데요. 성경을 한 권 사주시겠습니까? 아니면 제가 이 내용을 천천히 읽어 드릴까요?' 그랬더니, 망설임 없이 바로 사주시던데요."

관점을 바꿔야 산다

어느 유대인 소매업자가 어렵게 장사하고 있는데, 그의 가게 옆에 대형 상점이 들어섰다. 그리고 이런 간판이 걸렸다.

'가성비 최고Best Deal'

며칠 후 설상가상으로 대형 할인점이 다른 한편에 들어섰다. 그리고 이런 간판이 걸렸다.

'최저가 판매Lowest prices'

이렇게 궁지에 몰린 상인은 생각 끝에 다음과 같이 간판을 바꿔 걸었다.

'출입구는 여기입니다Main entrance'

꿈은 이루어진다

한 유명한 중매업자가 가난한 집 아버지에게 말했다.

"당신에게 아들이 있으면, 내가 로스차일드 가문(유대인의 대표적인 금융 재벌 명문가)의 딸과 결혼하게 해드리겠소."

"아들은 있습니다. 그런데 우리처럼 가난한 사람이 어떻게 그런 명문가와 결혼할 수 있겠습니까?"

"걱정하지 마시오, 정말 간절히 원한다면 방법은 있지요."

그리고 그 중매업자는 딸이 있는 로스차일드 가문의 집으로 찾아갔다.

"아주 훌륭한 젊은이가 있는데, 따님을 시집보내시죠?"

"아직 딸이 어려서 시집보낼 생각은 없는데요. 그런데 그 훌륭한 젊은이는 어떤 사람인가요?"

"월드뱅크의 부사장입니다."

"그래요, 그러면 한번 가족들과 의논해보고, 결정하도록 하겠습니다. 좋은 혼처인 것 같은데요."

그리고 그 중매업자는 마지막으로 월드뱅크의 사장을 찾아갔다.

"사장님 아주 훌륭한 인재가 있는데, 월드뱅크의 부사장으로 채용하시지요."

"부사장이요? 이미 직책별로 부사장이 많이 있고, 새로 부사장 자리를 만들 이유가 없는데요. 그런데 어떤 인재인가요?"

"앞으로 로스차일드 가문의 사위가 될 사람입니다."

두 마디

한 수도자가 영적인 경지를 높이기 위해 유명한 수도원을 찾았다. 이 수도원은 침묵 수행을 기본으로 하는 곳이고, 최장 5년 동안 말을 하지 않아야 했다. 이 수도자는 본인이 5년 동안 말을 하지 않고, 침묵 수행하겠다고 공언하고 수행에 들어갔다. 5년이 지나고, 수도원장이 수도자에게 말했다.

"그동안 고생 많았네, 이제 5년의 기한을 채웠으니, 자네는 두 마디의 말을 할 수 있네. 하고 싶은 말이 있는가?"

그러자 수도자는 이렇게 말했다.

"음식이 나빠요_{Food Bad}."

그리고 다시 5년간의 수도 약속을 하고 다시 침묵 수행에 들어 갔다. 5년이 지나고 다시 두 마디를 할 기회가 주어졌다. 그러자 그는 "침대가 딱딱해요_{Bed Hard}"라고 말했다. 다시 5년간의 수도 선 언을 또 하고 다시 침묵 수행에 들어갔다. 마침내 또 5년이 지나 고, 다시 두 마디를 할 기회가 주어졌다. 그는 "인제 그만두겠습니 다_{I quit}"라고 말했다. 그러자 수도원장이 말했다.

"15년 동안 수행을 하면서 자네가 깨달은 것이라고는 불평하 는 것밖에 없으니, 인제 그만두는 게 자네의 영성에도 좋을 듯 싶 네."

천국에 들어가기 위해 말해야 할 단어

한 여인이 죽어서 천국 문 앞에 도착했다. 천국 문을 지키는 천 사에게 어떻게 해야 천국에 들어갈 수 있느냐고 물었다. 천사는 "Loud(크게)"라는 단어의 스펠링을 말하면 들어갈 수 있다고 했다. 여인은 자신 있게 L, O, U, D라고 말하고 천국에 들어갔다.

몇 년이 지나서, 여인에게 천국 문을 지키는 천사가 찾아왔다. 잠깐 볼일이 있어 자기 대신에 천국 문을 잠시 지켜달라고 했다. 부탁을 받아들여 천국 문을 지키고 있는데, 저 멀리서 자기 남편이 천국 쪽으로 오고 있는 게 아닌가!

평소에 바람도 많이 피우고, 못된 짓을 많이 해서 천국에 들어오지 못하리라 생각한 남편의 등장에 여인은 깜짝 놀랐다. 남편이 가까이 오자 어떻게 된 것인지 물었다.

"당신이 죽고 난 이후, 여러 가지 생각이 들어 더 이상 이렇게 살면 안 되겠다고 반성하게 되었지. 그래서 마음을 고쳐먹고, 봉사하며 열심히 살다가, 젊은 여인을 만나서 재혼하고 더욱 열심히 봉사하며 좋은 일을 많이 했다오. 그러다가 며칠 전 휴가차 멕시코에 가서 워터 스키를 타다 사고가 나서 죽게 되었다오."

자신과 살 때는 엉망으로 살다가, 자신이 죽고 난 이후 마음을 고쳐먹고 선한 삶을 살았다는 말에 여인은 너무 화가 났다. 그때 남편이 물었다.

"근데 여보, 천국은 어떻게 해야 들어갈 수 있는 거요?"

"간단합니다. 제가 말하는 단어의 스펠링을 정확히 말하면 돼요."

"그 단어가 뭔데?"

"체코슬로바키아!"

체코슬로바키아Czechoslovakia는 철자가 어려워 제대로 아는 미국사람들이 별로 없다. 알미운 남편이 천국에 들어오지 않기를 바라고 아내가 일부러 어려운 단어의 철자를 말해보라고 한 것이다.

이렇게 유대인의 유머는 재미있으면서 생각할 거리를 담고 있어, 한바탕 웃고 난 이후에도 여운이 남는다. 유대인의 유머와 같이 이렇게 재미와 의미를 함께 담은 유머가 우리의 대화나 생활 가운데 많아졌으면 좋겠다.

탈무드식 생각훈련

1. 힘들고 어려울 때도 웃음을 잃지 않고, 최악의 상황에서도 유머를 생각하는 것은 어려움을 겪고 있는 사람에게 심리적으로 어떤 효과가 있을까?

2. 우리나라에서 웃음의 소재는 어떠한가? 사람들은 왜 사회적 약자를 조롱하고 놀리는 것을 재미있다고 느끼는 것일까?

3. '웃음과 풍자를 어느 정도 허용하는가는 표현의 자유와 관련 있고, 한 사회나 문화의 상상력과 창의성의 척도이기도 하다'라는 주장에 대해서는 어떻게 생각하는가?

부당한 고소는
하늘에 맡겨라

모 교육 업체 김 이사는 거래처와 사업 관련 협상을 하면서 황당한 경험을 했다. 상대방이 김 이사가 자신들과 만든 콘텐츠를 자신들의 허락 없이 경쟁 업체에 넘긴다며 비난하기 시작했다.

"그 콘텐츠는 같이 만든 것이고 서로 소유권과 사용권을 갖는 것인데 뭐가 문제가 되나요?"

"왜 문제가 안 됩니까? 그 콘텐츠는 우리 회사에서 프로젝트를 하지 않았다면 김 이사님이 만들 수 없는 것이었고, 결국 우리 회사 콘텐츠입니다."

"상표권이나 저작권 등록도 안 되어 있는 무형의 정보이고, 저는 이 콘텐츠가 저렴한 비용으로 많이 알려지게 하려는 의도에서 활용하는 차원인데 뭐가 문제가 되나요?"

이러한 콘텐츠의 사용 권한을 두고 지루한 공방이 이어졌다. 이 과정에서 김 이사가 황당해한 내용은 이 부분이었다.

"그런데, 김 이사님께서는 교회 장로님이신데, 왜 도둑질을 하시나요? 성경 십계명에 도둑질하지 말라고 되어 있는데, 어떻게 이러실 수 있죠. 신앙도 좋으시다는 분이…"

'앗! 뭐라고? 여기서 왜 신앙 문제가 나오나?' 순간 신앙 문제에서는 약간 결벽증이 있는 김 이사는 순간 욱하고 말았다.

"여보세요, 여기서 왜 신앙 문제가 나옵니까? 말도 안 되는 논리로 도둑으로 몰더니, 이제 신앙적으로 겉과 속이 다른 사람으로 몰아가는 겁니까?"

김 이사는 순간 협상 테이블을 박차고 나왔다.

"정말 상대 못 할 사람들이구먼. 앞으로 아예 이들과의 거래를 끊어야겠다."

우리는 살면서 이렇게 상대방이 논점을 흐리고 인신공격에 가까운 비난을 하는 경우를 맞닥뜨리게 된다. 그리고 상대가 나의 신앙이나 신념에 대해 시비를 걸거나 공격하기도 한다. 탈무드에서는 이런 상황을 어떻게 해석하고 대처하라고 할까?

탈무드 바바 캄마Bava Kamma 93a에서는 이러한 상황에서 굳이 화를 내고, 억울해할 필요가 없다고 설명한다. 만약 상대가 세상의 기준이 아니라 하늘의 기준, 즉 신앙의 기준에 호소했다면, 그도 역시 하늘의 기준에 의해 먼저 심판을 받을 것이기 때문이다.

라브 하난은 이렇게 말한다. "만약 어떤 사람이 동료의 심판을 하늘에 청구하면, 하늘은 먼저 그의 죄를 심판할 것이다."

그러면서 창세기의 아브라함과 사라의 에피소드를 예로 든다. 오랫동안 자식이 없던 아브라함이 아내 사라의 권유로 여종 하갈과 동침하여 아이가 생겼다. 그런데 임신한 하갈이 주인 사라를 업신여기자, 사라는 이렇게 말한다.

"내가(사라) 받는 모욕은 당신(아브라함)이 받아야 옳습니다. 내가 나의 여종을 당신의 품에 두었는데 그가 자기의 임신함을 알고 나를 멸시하니 당신과 나 사이에 여호와께서 판단하시기를 원합니다(성경 창세기 16장 5절)."

탈무드에서는 사라의 주장에 문제가 있다고 본다. 사라는 자신의 억울함을 신께 가져가기보다 먼저, 땅의 재판관에게 가져가야 했다. 당시 노아의 후손으로 의인이라고 할 수 있는 조상 셈Shem이 살고 있었다. 먼저 공동체의 어른이라고 할 수 있는 셈에게 가서 자신의 억울한 사정을 말할 수도 있었다.

그러나 사라는 바로 하나님께 자신의 억울함을 호소했다. 그 결과 라브 하난이 말한 대로, 사라는 먼저 자기 잘못을 하늘로부터 조사받고 이 사건으로 인해 징계받게 된다. 그녀는 자신이 남편 아브라함보다 10년이나 젊음에도 불구하고, 이후 아브라함보다 38년이나 일찍 죽었다.

탈무드에서는 상대가 세상과 인간적인 논리를 넘어, 신앙적인 논리로 공격한다면 크게 신경 쓰지 말고 그대로 받아들이라고 권한다. 위의 김 이사처럼 이성을 잃고 화낼 필요도 없다. 그가 신에게 재판을 요청했으니, 신께서 정당하게 심판해주실 것이다. 그리고 신은 고소를 당한 사람보다 고소한 사람을 먼저 조사하고 심판한다.

그리고 같은 취지로 랍비 아바후는 "추적자가 되느니, 쫓김을 받는 사람이 되고, 사냥하는 맹금류가 되느니, 잡아먹히는 비둘기가 되어라"라고 가르친다. 어떻게 보면 철저한 논리로 하나의 손해나 억울함 없이 살라고 가르칠 것 같은 탈무드이지만, 세상의 이치와 인간의 본성을 꿰뚫고 때로는 '지는 것이 이기는 것'임을 가르치고 있다.

그러므로 나의 신앙을 운운하며 자신의 의지를 관철하려고 하는 사람에 대해 화를 낼 이유가 없다. 그가 하늘에 호소한다면, 그가 먼저 하늘의 심판을 받을 것이기 때문이다.

탈무드식 생각훈련

1. 사람들은 흔히 논리에서 밀리면, 상대의 인격이나 신념, 가치관 등을 문제 삼으며 사람 자체를 공격하곤 한다. 잘못된 정치에서도 흔히 메시지를 공격하다 불리하면 메신저(사람)를 공격하라고 가르친다. 올바른 토론이나 판단을 위해 메시지와 메신저를 구분하는 노력이 왜 필요할까?

2. 이 이야기는 잘못하면 '억울한 일을 당하더라도 그냥 손해 보고 참으라'는 메시지로 오해받을 수 있다. 억울한 일을 당한 경우, 싸워야 할 때와 참아야 할 때는 어떤 기준으로 판단해야 할까?

3. 김 이사의 경우 이 문제를 해결하기 위해서는 결국 법정 다툼으로 가야 할까? 법적인 다툼을 피하고 현명하게 이런 문제를 해결할 방법으로는 어떤 것이 있을까?

복수, 증오,
그리고 용서

우리나라에서 잘 알려진 마빈 토케이어의 편역 탈무드에 나오는 예화다.

한 사나이가 말했다.

"자네, 내게 낫 좀 빌려주게."

그러자 상대방은 "빌려줄 수 없네" 하고 거절했다. 얼마 후 이번엔 앞서 거절했던 사나이가 상대방에게 찾아가서 "자네 말 좀 빌려주게"라고 부탁하자 상대방은 이렇게 말했다.

"자네가 낫을 빌려주지 않아서 나도 말을 빌려줄 수 없네."

이것은 복수다.

한 사나이가 말했다.

"자네 낫을 좀 빌려주게"

상대방은 "그건 싫네"라고 거절했다.

얼마 후 이번엔 앞서 거절했던 사나이가 "자네 말을 좀 빌려주게" 하고 부탁했다. 그러자 상대방은 말을 빌려주면서 이렇게 말했다.

"자네가 낫을 빌려주지 않았지만, 난 자네에게 말을 빌려주겠네."

이것은 증오다.

이야기를 들은 대부분 사람은 후자의 경우 그대로 갚아주지 않고, 호의를 베풀었는데 이게 왜 증오인가라는 의문을 표시한다. 오히려 원수를 사랑하라는 말을 실천한 것이고 선으로 악을 이긴 것이 아니냐고 생각하기도 한다.

복수보다 무서운 증오의 예

두 번째 상황을 잘 보여주는 성경의 에피소드는 다윗의 아들이었던 압살롬의 처신이다. 다윗의 큰아들 암논이 배다른 여동생이자 압살롬의 친동생인 다말을 강간하자 압살롬은 이렇게 말한다.

"지금은 아무 말도 하지 말고 조용히 내 집에 있어라."

그리고 이 억울함을 형인 암논이나 아버지인 다윗에게 따지지 않는다. 하지만 성경은 '그가 이 일로 인해 암논에 대해 증오심을 품었다He hated Amnon because he had disgraced his sister Tamar'라고 기록하고 있다.

그리고 이후 압살롬의 증오는 단순히 암논에게 부당함을 따지거나 동생의 억울함을 하소연하는 것을 넘어 암논을 죽이는 과잉보복으로 이어진다. 그의 분노는 여기서 멈추지 않고, 이 사건을 제대로 처리하지 않은 아버지 다윗에게 반란을 일으키는 데까지 이른다.

탈무드가 '복수와 증오'의 예화에서 말하고자 하는 것은 바로 인간의 이런 속성이다. 때로는 용서를 가장한 증오가 단순한 복수보다 더 무서울 수 있음을 말하고 있다. 낫을 빌려주지 않았더니, 나중에 말을 빌려주지 않는 것은 소시민적 복수다. 그럴 수 있다. 평범한 사람들의 선택이다. 하지만 뒤끝은 없다. 그걸로 상대의 거절에 상처받은 부분에 대한 정산이 끝난 것이다.

두 번째 경우를 진정한 용서로 볼 수 없는 근거는 "자네가 낫을 빌려주지 않았지만"이라고 굳이 언급하는 부분이다. 이 사람은 낫을 빌려주지 않는 이웃의 잘못을 잊지 않고 있다. 마음에 그날 자기가 당한 부끄러움을 품고 있었다고 볼 수 있다. 그렇기에 성인군자도 아니고, 인격적으로 그리 훌륭해 보이지 않는 사람이 소시민적 복수를 하지 않았을 때는 좀 더 깊이 생각해봐야 한다. 아직 이전 일에 대한 마음의 정산이 끝나지 않았을 수 있다. 그런 사람은 나중에 이자에 이자를 붙여 더 큰 복수를 준비할 수 있기 때문이다.

진정으로 용서할 수 있는 인격이 안 된다면

이런 예를 우리 일상에서 많이 찾아볼 수 있다. 군대 예화로 이런 게 있다. 부대 선임병이 밤늦게 후임병에게 라면을 끓여오라고 했다. 한 후임은 "아니 왜 제가 이 밤중에 고참 라면을 끓여야 합니까?"라고 투덜대면서 라면을 끓여왔다. 하지만 어떤 후임은 얼굴이 굳은 채로 묵묵히 라면을 끓여온다. 군대에서는 두 번째 유형의 후임을 조심하라고 한다. 앞에서는 어쩔 수 없이 명령에 복종하는 듯하지만, 그 라면에 오줌(?)을 넣어 끓여왔을 수도 있기 때문이다.

그리고 때로는 우리가 용서했다고 착각하고 있지만 나의 그릇이 작아서 제대로 용서하지 못하는 때가 있다. 마음은 원하지만, 인격의 그릇이 따라가지 못하는 경우다. 영화 〈완벽한 타인〉에서 남편 태규(유해진 분)는 아내 수현(엄정화 분)의 교통사고를 자기가 냈다고 하고 아내 대신 처벌받으려고 한다. 부모와 아이들을 돌봐야 하는 아내를 감옥에 보낼 수 없었기 때문이다. 하지만 이 남편의 희생과 용서(?)로 인해 수현은 남편의 눈치를 보고 숨죽이듯 하루하루 살아야 했다. 나중에 참지 못하고 폭발한 아내가 남편에게 말한다.

"용서할 수 없는 것을 왜 용서한다고 했어?"

우리의 일상도 그렇다. 마음으로 진정 용서할 수 없다면 오히려 차라리 화내고 싸우는 게 나을 수 있다. 그러면 최소한 감정적

정산은 된다. 용서하지 못하면서 증오를 마음속에 품어 놓는 것은 복수보다 더 심각한 문제일 수 있다.

마음으로부터 진정한 용서를 하는 방법

물론 가장 이상적인 것은 상대의 잘못된 행위를 마음으로부터 용서하고 이를 통해 더 큰 인격 성숙을 이루는 것이다. 이 좋은 예는 위의 불행한 아들들을 둔 다윗왕이다. 다윗은 자기를 핍박하고 여러 차례 죽이려고 한 사울 왕을 진심으로 용서했다. 그리고, 사울 왕의 손자이자, 자신을 알아주고 보호해주려고 한 요나단의 아들 므비보셋을 왕의 식탁에 앉게 하고 왕족과 같은 대우를 해주었다. 그는 악한 행위는 미워하되, 사람은 미워하지 않아야 함을 깨닫고 이를 실천할 수 있는 내공이 있는 사람이었다.

우리가 지향해야 할 수준은 바로 다윗의 경지다. 죄는 미워하되, 사람은 미워하지 않고, 상대가 죗값을 치렀다면 그 사람은 마음으로 용서해주는 것이다. 하지만 이 경지에 오르기가 쉽지 않다. 이런 용서가 안 될 때 남은 선택지는 복수와 증오다. 둘 다 나쁘지만, 그중에 덜 나쁜 것이 오히려 복수일 수 있다. 어설픈 용서를 하고, 증오를 마음에 품으면 내가 당한 것 이상으로 과잉 보복을 할 위험성이 있기 때문이다. 탈무드는 때로는 이렇게 이상적이기보다 좀 더 현실적이다.

탈무드식 생각훈련

1. 탈무드식 토론을 하면 어떤 사람들은 공연히 이상한 논리를 들이대며 궤변을 일삼는다고 비판한다. "어떻게 복수가 증오보다 나을 수 있느냐?", "논리를 빙자해 윤리와 도덕을 무너뜨리려고 한다"라고 말한다. 이런 비난의 위험을 감수하고도 탈무드식 사고와 토론을 통해 최악이 아닌 차악을 선택해야 하는 이유는 무엇일까?

2. 사람들은 사회적 규범이나 분위기 영향으로 자신이 감당할 수 있는 것보다 더 높은 윤리, 도덕적 실천을 강요받고, 그대로 행하지 못할 때 죄책감에 시달리는 경우가 많다. 자신의 인격이 어느 정도이고, 자신이 감당할 만한 실천인지 알 수 있는 방법이 있을까?

다른 사람을 비난하기 전에
나를 먼저 돌아보라

보통 규율이나 원칙을 잘 지키는 사람들은 그렇지 못한 사람들을 판단하고 정죄하기 쉽다. 나는 교통 신호를 잘 지키는데, 교통 신호를 잘 지키지 않는 사람을 보면 화를 내고 욕을 하게 된다. 나는 분리수거를 잘하고 있는데, 그러지 못하는 사람을 보면 저런 사람 때문에 지구 환경이 오염되고 자원이 낭비된다고 생각한다.

하지만 유대 경건주의 운동의 창시자로 불리는 바알 셈 토브는 좀 다른 관점에서 다른 사람의 잘못을 바라봤다. 《토라에 관한 바알 셈 토브의 책Sefer Ba'al Shem Tov al HaTorah》의 창세기 편Parshat Breishit에 따르면 세상에 모든 일은 우연히 일어날 수 없는데, 오늘 내가 다른 사람의 잘못을 보게 된 것은 내가 그의 잘못을 지적하기보다, 오히려 나에게 비슷한 잘못이 없는지 돌아볼 기회를 신神이 허락하신 것으로 생각했다.

바알 셈 토브는 이렇게 말했다.

"어떤 사람이 완전하고 흠결이 없다면 그는 다른 사람의 악한 모습을 보거나 인간의 악한 면에 대한 소식을 듣지 않을 것이다. 그래서 만약에 어떤 사람이 다른 사람의 잘못을 보거나 듣게 되면 우리는 먼저 그런 잘못이 내 안에 없는지를 돌아봐야 한다.

이는 당신이 영적으로 높은 수준에 있는 성인聖人이라도 마찬가지다. 신께서 잘못된 모습을 보게 하거나 안 좋은 소식을 듣게 한 이유는 당신 가운데 있는 같은 잘못을 깨닫고 그것을 고쳐 당신을 더욱 온전하게 하기 위함이다. 그리고 그렇게 함으로써 당신이 보거나 들은 사람의 잘못된 행위도 고쳐지게 된다.

당신의 이웃이 잘못하는 것을 보거나 믿을 만한 소식통으로부터 그가 어떤 잘못을 저지르고 있다는 것을 들으면 그를 비난하거나 정죄하지 말라. 왜냐하면 이런 소식은 당신에게도 있는 잘못을 고칠 기회가 될 수 있고, 당신의 이런 모습을 보고 다른 사람들도 자기 잘못을 고칠 수 있기 때문이다."

나와 남을 인식하는 뇌의 영역이 같다

다른 사람의 잘못이 보이는 것은 내 안에 같은 잘못이 있기 때문이라는 바알 셈 토브는 깨달음은 뇌 과학적으로도 증명된다. 최근 뇌 과학 연구에 의하면 자아를 인식하는 내측 전전두엽mPFC. medial Prefrontal Cortex은 나에 대한 인식과 타인에 대한 인식을 같이 처리하는 것으로 밝혀졌다. 검사 장치를 통해 살펴보니 사람이 자기 자신에 대해 생각할 때와 타인이나 타인의 시선을 의식할 때 모두 같은 뇌의 부위가 활성화되는 모습이 관찰되었다. 즉, 뇌는 나와 남을 같은 뇌의 부위와 정보 처리 과정을 통해 인식하는 것이다.

이를 우리 속담으로 풀어보면, '뭐 묻은 개 눈에는 뭐만 보인다'라고 할 수 있다. 욕하면서 닮는다고, 내가 상대를 비난하고 정죄하면 나에게 있는 같은 죄가 점점 커지면서 결국은 나도 똑같은 실수를 하고 죄를 저지르는 데까지 이르게 된다.

우리는 살면서 너무나 쉽게 다른 사람을 판단한다. 특히 연예인이나 사회 유명 인사의 부도덕한 행위나 일탈에 대한 자극적인 보도나 근거 없는 뜬소문을 다른 사람들에게 너무 쉽게 퍼뜨리고 그들을 정죄한다. 하지만 바알 셈 토브에 의하면 우리가 남의 잘못을 보고, 실수나 범죄에 관한 안 좋은 소식을 듣게 된 것은 우연이 아닐 수 있다. 우리 안에도 그런 요소가 있을 수 있으니 먼저 자신을 돌아보고, 그런 모습이 행동이나 범죄로 드러나지 않게 어서 고치라는 하늘의 계시일 수 있다. 이런 가르침을 알고, 올바로 실천할 수 있다면 우리가 말로 저지르는 수많은 실수와 마음속으로 짓는 죄를 줄일 수 있다.

탈무드식 생각훈련

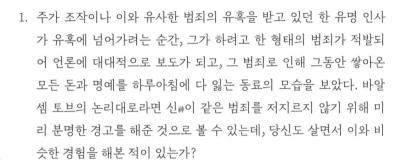

1. 주가 조작이나 이와 유사한 범죄의 유혹을 받고 있던 한 유명 인사가 유혹에 넘어가려는 순간, 그가 하려고 한 형태의 범죄가 적발되어 언론에 대대적으로 보도가 되고, 그 범죄로 인해 그동안 쌓아온 모든 돈과 명예를 하루아침에 다 잃는 동료의 모습을 보았다. 바알 셈 토브의 논리대로라면 신神이 같은 범죄를 저지르지 않기 위해 미리 분명한 경고를 해준 것으로 볼 수 있는데, 당신도 살면서 이와 비슷한 경험을 해본 적이 있는가?

2. 바알 셈 토브는 다른 사람의 잘못을 비난하고 정죄하기보다, 나의 잘못을 고치고 내가 좀 더 온전한 삶을 살면 이 세상의 악을 줄일 수 있다고 말한다. 이런 생각은 너무 이상적인 것이 아닐까? 실제 바알 셈 토브가 말한 대로 선으로 악을 이기고, 내가 올바른 실천을 하는 것으로 사회악을 줄인 실제 사례가 역사나 현실에서 있었을까?

나를 미워하고 핍박하는 사람을
사랑해야 하는 3가지 이유

'눈에 눈, 이에는 이'는 고대 바빌로니아 왕국의 함무라비 왕이 선포했던 함무라비 법전에 나오는 유명한 구절이다. 함무라비 법전은 기원전 1750년경에 제작된 것으로 보이는데, 1901년 발굴되었다.

구체적으로 보면, 귀족과 평민 사이 법 적용에 차등이 있었지만, 고대 사회에서 과잉 보복을 금지하고 법 규정에 따른 통치를 명문화한 것으로 높은 평가를 받고 있다. 예를 들어, 196조에는 '평민이 귀족의 눈을 쳐서 빠지게 하였으면 그의 눈을 뺀다', 197조에는 '평민이 귀족의 뼈를 부러뜨렸으면, 그의 뼈를 부러뜨린다'는 내용이 수록되어 있다.

또 시기적으로는 한참 후이지만, 바벨론 포로 시기(기원전 586~444)에 정리된 것으로 알려진 토라에도 눈에는 눈이라는 표현이 나온다.

"그러나 다른 해가 있으면 갚되 생명은 생명으로, 눈은 눈으로, 이는 이로, 손은 손으로, 발은 발로, 데운 것은 데움으로, 상하게 한 것은 상함으로, 때린 것은 때림으로 갚을지니라(출애굽기 21장 23~25절)."

이렇게 중근동에서는 내가 손해 보고 당한 만큼 갚아주라는 복수의 허락이 보편적인 정서였는데, 예수님이 등장한 기원 전후 이 동일 보복의 원칙이 수정되는 모습이 나타난다. 예수님은 '눈에는 눈, 이에는 이'라는 원리를 넘어서야 한다고 가르쳤다.

"또 눈은 눈으로, 이는 이로 갚으라 하였다는 것을 너희가 들었으나, 나는 너희에게 이르노니 악한 자를 대적지 말라. 누구든지 네 오른편 뺨을 치거든 왼편도 돌려대며, 또 너를 송사하여 속옷을 가지고자 하는 자에게 겉옷까지도 가지게 하며, 또 누구든지 너로 억지로 오리를 가게 하거든 그 사람과 십 리를 동행하고, 네게 구하는 자에게 주며 네게 꾸고자 하는 자에게 거절하지 말라.

또 네 이웃을 사랑하고 네 원수를 미워하라 하였다는 것을 너희가 들었으나, 나는 너희에게 이르노니 너희 원수를 사랑하며 너희를 핍박하는 자를 위하여 기도하라. (중략) 그러므로 하늘에 계신 너희 아버지의 온전하심과 같이 너희도 온전하라(마태복음 5장 28~48절)."

탈무드에서는 '눈에는 눈, 이에는 이' 원칙을 설명하며 과잉 보복을 금지하고, 온전한 보상을 위해서는 상처에 대한 치료뿐 아니라 노동 손실 부분이나 정신적인 피해까지 보상해야 한다는 내용으로 해석한다(자세한 내용은 《1% 유대인의 생각훈련》 50쪽을 참조하자). 하지만 위의 예수님의 가르침처럼 정당한 보상을 넘어서 원수를 사랑하는 경지까지 가라고 권하지는 않았다.

바알 셈 토브의 적극적 사랑

하지만 중세 시대를 지나면서 유대교 내에서도 이런 적극적인 선의 실천을 통해 악을 제어해야 한다는 생각이 확산하기 시작했다. 그리고 유대교 경건주의 운동의 시조라고 불리는 바알 셈 토브는 이런 가르침을 좀 더 구체화했다. 다음의 설명은 이츠학 벅스바움Yitzhak Buxbaum의 《바알 셈 토브의 빛과 불The Light and Fire of the Baal Shem Tov》 187쪽 내용을 전체적인 맥락에 맞게 의역하고 내용을 추가한 것이다.

바알 셈 토브는 자신을 핍박하고 모욕하는 사람들에게도 친절하고 애정을 보이는 것으로 유명했다. 한번은 제자들이 어떻게 선생님은 자기를 미워하고 해치려 하는 사람들에게까지 사랑을 실천할 수 있는지 물었다. 그러자 그는 이렇게 대답했다.

"만약에 어떤 사람들이 여러분을 모욕하고 핍박한다면, 여러분은 그 사람을 이전보다 더 사랑하기 위해 모든 노력을 해야 합니다. 세 가지 이유가 있습니다.

첫째는 어떤 사람이 여러분을 미워하면, 여러분도 그 사람을 증오하고자 하는 유혹에 더 쉽게 빠지게 됩니다. 그리고 이런 과정은 '이웃을 사랑하라'는 계명을 어기는 지름길이 됩니다. 그래서 이런 상황에 부닥쳤을 때는 원수를 미워하고 원수와 싸우는데, 나의 에너지를 쓰기보다 내 안에 있는 악한 본성과 싸워서 이기는 기회로 삼아야 합니다.

둘째로 여러분이 원수를 사랑하면, 그 사람도 회개할 기회를 가질 수 있기 때문입니다. 여러분은 그들의 '악한 행위'를 미워할 수 있습니다. 하지만 그 '사람'을 미워해서는 안 됩니다. 그리고 이 과정에서 그들의 악한 행위를 따라 해서는 안 됩니다.

모세의 형으로 대제사장이 된 아론Aaron은 평화를 사랑하고 추구했으며, 백성들을 사랑하고 그들을 신의 말씀으로 인도했다고 알려져 있습니다. 아론은 백성들의 잘못된 행위는 미워했지만, 백성들을 미워하지 않았습니다. 그가 백성을 사랑했기에 백성들이 회개하고 말씀을 가까이할 수 있었던 것입니다.

믿기 힘들겠지만 내가 한 사람을 사랑하면 그 사람도 나를 사랑하게 되어 있습니다. 마치 물이 우리 얼굴을 비추듯, 한 사람의 마음은 내가 상대하는 사람의 마음을 비치게 됩니다. 내가 그를 사랑하면 그가 나를 사랑하고 내가 그를 미워하면 그도 나를 미워하게 됩니다. 그리고 신기하게 내가 사람이 아니라 그의 잘못된 행위를 미워하면, 그 사람도 자신의 행위를 미워하고 회개하게 됩니다.

셋째, 여러분들은 거룩한 사람들입니다. 여러분들이 힘을 모아 서로를 사랑한다면 신의 거룩함이 여러분 가운데 함께 합니다. 그렇지만 우리가 서로 사랑하지 못하고, 그 결과로 여러분과 신의 사이에 간격이 벌어지게 되면, 그 거룩함은 악의 영역으로 떨어지게 되고, 엄청난 재난이 뒤따르게 됩니다.

만약에 어떤 사람이 악을 행하고 거룩함에서 멀어진다면, 비난하고 정죄하는 데 그치지 말고 적극적으로 그를 도와야 합니다. 여러분은 그를 사랑하고 그에게 더욱 가까이 가서 신의 임재하심이 그 사람과 여러분에게서 떠나지 않게 해야 합니다. 그래야 거룩함이 여러분을 떠나지 않고, 악이 들어올 틈이 없게 됩니다."

내 가족과 이웃도 제대로 사랑하기 힘든데 원수를 사랑하는 것은 더욱 힘든 일이다. 예수님의 가르침을 따라 나를 부당하게 핍박하고 괴롭히는 사람에게 왼뺨을 대주고, 겉옷까지 내주고, 억지로 먼 길을 가주는 것은 부당한 대우나 처분에도 문제 제기하지 말고 따르라는 비굴한 태도로 여겨진다. 하지만 사람과 상황에 따라 이 원리를 다르게 적용해보는 심층 사고를 하면 이런 불합리한 결론을 피할 수도 있다.

많은 성인은 원수를 사랑하는 경지에 가야 온전한 사랑에 이를 수 있고, 근본적으로 악을 통제할 수 있다고 말한다. 우선 이웃 사랑에 도전하고, 이웃 사랑만으로는 부족하다고 느끼는 수준에 이른다면 최종 목표는 원수를 사랑하고, 친구와 원수의 구분까지 없애는 경지에 도전해볼 수 있다.

탈무드식 생각훈련

1. 우리는 흔히 돈과 권력을 많이 가진 사람들이 인터넷에서의 악성 댓글이나 비난에 일일이 법적인 대응을 하고, 과잉 보복을 하는 모습을 많이 보게 된다. 자기보다 힘이나 능력이 부족한 사람들의 핍박이나 공격에는 지나치게 대응하지 말고, 나보다 강한 사람의 공격이나 비난에는 부당함을 지적하고 적극적으로 대응하는 방법은 어떨까?

2. 간디는 예수님이나 바알 셈 토브가 말한 대로 무저항 비폭력 원칙하에 사회악과 싸우며 영국 제국주의자들을 인도 땅에서 몰아냈다. 그는 옳지 않은 세금은 내지 않았고, 물레를 돌려 옷을 만들어 입으며 영국 제국주의 물건을 쓰지 않으려고 했다. 몽둥이로 때려도 묵묵히 맞았고, 상대가 부당한 재판을 걸고 감옥에 넣으려고 해도 맞서지 않고 조용히 끌려갔다.
하지만 반대로 우리나라의 3.1 운동이나 티베트의 비폭력 저항 운동처럼 처참히 폭력에 짓밟힌 예도 있다. 실제 역사에서는 어떤 모습이 더 많이 나타날까?

Talmud

Part 3

인생과 운명을 바꾸는
탈무드식 생각

가장 세속적인 것이
가장 거룩한 것이다

　미국 어느 마을에 작지만 알차게 운영되던 커피숍이 있었다. 그런데 이 커피숍 앞에 대형 커피 브랜드 가맹점이 들어섰다. 사람들은 이 커피숍이 좋기는 하지만, 대형 커피 가맹점에 손님을 빼앗겨 곧 문을 닫을 거라고 말했다. 그런데 1년이 지난 후 정작 문을 닫고 그 지역을 떠난 가게는 대형 커피 가맹점이었다. 이 사실이 흥미로운 기자가 커피숍을 방문해서 사장을 만나보았다.

　"어떻게 대형 커피숍과의 경쟁에서 이길 수 있었죠?"

　"글쎄요. 저희는 단지 여기 오는 손님 한 분 한 분이 신神과 같은 분이고, 저희는 그분들께 신에게 대접하듯이 한다는 마음으로 커피를 내리고, 서비스를 제공했을 뿐입니다."

의인이 된 간수

세상의 많은 사람은 성스러움과 세속을 구분하려 한다. 교회나 절은 거룩한 곳이고, 우리가 사는 집이나 공동체, 일하는 회사는 세속적인 곳이다. 종교적인 일은 무언가 거룩하고 거창하지만, 우리가 먹고 입고 마시는 일은 하찮은 것으로 생각한다.

하지만 많은 성숙한 종교에서는 "가장 성스러운 것이 가장 세속적인 것이고, 가장 세속적인 것이 가장 성스러운 것이다", "신앙과 삶이 분리될 수 없다", "기도가 노동이고, 노동이 기도다"라는 가르침을 이야기한다. 탈무드에서도 이런 신앙과 삶의 일치를 강조하는 에피소드가 많이 있다. 아래의 탈무드 타아닛Taanit 22a의 이야기도 그중 하나다.

랍비 베로카 호자아Beroka Hoza'a는 종종 베이 레펫Bei Lefet 시장에 가곤 했는데, 종종 선지자 엘리야가 그에게 나타나곤 했다. 한 번은 베로카가 엘리야에게 물었다.

"이 시장에 있는 사람 중에 앞으로 올 세계World-to-Come에 갈 자격이 있는 사람이 있습니까?"

엘리야는 아직 그럴 만한 사람이 없다고 말했다. 그때 시장에 유대인의 풍습에 맞지 않게 검은 신발을 신고 옷깃에 파란색 술을 달지 않은 사람이 시장으로 들어왔다. 그때 엘리야가 베로카에게 말했다.

"이 사람이 바로 앞으로 올 세계에 들어갈 만한 사람이다."

베로카는 그를 쫓아가 물었다. "당신의 직업은 무엇입니까?"

그러자 그 사람은 "잠깐 비켜주십시오. 제가 시간이 없습니다. 하지만 내일 다시 이곳에 오시면 그때 말씀드리겠습니다"라고 말했다.

다음 날 베로카가 시장에 가서 그에게 다시 물었다. "당신의 직업은 무엇입니까?"

"저는 간수입니다. 그리고 간수 일을 하면서 남자 죄수들과 여자 죄수들을 엄격히 분리하고 있습니다. 제 침대를 남녀 죄수 사이에 두고, 그들이 죄를 짓지 않게 하고 있습니다. 이방인들이 유대인 여자 죄수에게 눈길을 주거나 하면, 제가 목숨을 걸고 여자 죄수를 지키고 있습니다."

"그러면 왜 당신은 유대 풍습에 맞지 않게 신을 신고, 옷에 술을 달고 있지 않습니까?"

"저는 많은 이방인 사이에 있어야 하는데, 제가 유대인 풍습에 따라 옷을 입고 있으면 그들이 내가 유대인인 줄 알아보고 경계할 것입니다. 이방인 지도자들이 법령을 공표하면 저는 바로 랍비들에게 이 사실을 알리고, 잘못된 법령이 폐지되도록 기도해달라고 하고 있습니다."

"그럼, 어제 제가 직업이 무엇이냐고 했을 때, 지금은 그냥 가고 내일 다시 오라고 한 이유는 무엇입니까?"

"그때 이방인 지도자들이 방금 새로운 법령을 선포하여, 급히 이 지역들의 랍비들에게 가는 길이었습니다. 그리고 이 문제에 대해 알리고 기도를 요청하려고 했습니다."

이 이야기를 나누고 있을 때 두 형제가 시장에 들어왔다. 엘리야 선지자가 랍비 베로카에게 또 말했다.

"이 두 사람도 역시 앞으로 올 세계에 들어갈 자격이 있는 사람들이다."

이에 베로카는 그들에게 가서 물었다.

"두 분의 직업이 무엇입니까?"

"저희는 광대입니다. 우울해 있는 사람들에게 웃음을 주지요. 그리고 싸우는 사람들은 화해시키고요."

세상에는 이렇게 자기 행동을 통해 이 세상을 이롭게 하는 보람을 누릴 뿐 아니라, 앞으로 올 세상에서의 상도 줄어들지 않는 일을 하는 사람들이 있다.

평범한 일상을 거룩하게 살 수 있는 비결

유대교에서는 의외로 내세나 사후 세계보다, 현세에서의 삶을 중시한다. 기본적으로 인생의 가장 큰 목적을 '신과 더불어 이세상을 좀 더 나은 곳으로 만드는 것'이라는 뜻의 "티쿤 올람(תיקון עולם, 이 세상을 고치자)"이라고 보기 때문이다. 그리고 '경건의 영역을 종교 행위를 넘어 일상생활로 넓히자'라는 바알 셈 토브Baal Shem Tov 가 주창한 유대 경건주의 운동이 유대 사회에 확산하면서, 일상에서의 일일일선-日一善이나 선행이 어떤 종교의식보다 강조되었다.

또 랍비들은 '일상이 예배'라는 가르침의 근거를 다양한 성경 구절에서 찾아냈다. 19세기 랍비 이스라엘 레진은 시편 96편 11절을 설명하며 이 구절의 시작이 거룩한 신의 이름인 '야훼(יהוה)'와 일치하고 있다고 말한다.

시편 96편 11절의 히브리어 원문은 יִשְׂמְחוּ הַשָּׁמַיִם, וְתָגֵל הָאָרֶץ 인데, 뜻은 '하늘은 기뻐하고 땅은 즐거워하라'다. 각 구절의 첫 글자가 히브리어 알파벳 요드(י), 헤(ה), 바브(ו), 헤(ה)다. 이 네 글자는 로마자 알파벳으로는 'YHWH'로 표시하고 '야훼'나 '여호와'로 읽는데 유대인들은 이 이름을 직접 부를 수 없어서, 주님the Lord에 해당하는 '아도나이Adonai'라고 읽거나 그 이름The Name이라는 의미의 '하쉠HaShem'이라고 칭한다.

이 이름의 첫 두 글자인 요드(י), 헤(ה)는 신의 영역을 가리키는 글자인데, 이 글자는 인간 삶의 중요한 요소인 먹는 것(הַאֲכִילָה, 아힐라), 마시는 것(הַשְּׁתִיָּה, 쉐티나), 자는 것(הַשֵּׁנָה, 쉐나), 성관계(הַבִּיאָה, 비아), 삶(הַחַיִּים, 리나)을 가리키는 히브리어 단어에 다 들어가 있다.

그리고 거룩한 이름 뒤의 두 글자인 바브(ו), 헤(ה)는 인간의 영역을 가리키는 글자인데, 이 글자는 신의 말씀(הַתּוֹרָה, 토라), 예배(הָעֲבוֹדָה, 아보다), 계명(הַמִּצְוָה, 미쯔바), 신실함(הָאֱמוּנָה, 에무나) 같은 핵심적인 종교 단어에 다 들어가 있다.

이런 랍비의 설명을 우리식으로는 '종교적인 단어가 일상에 있고, 일상은 거룩함 속에 있다'고 해석할 수 있고, 한마디로 성속일

체聖俗一體라고 할 수 있다. 그러면 어떻게 평범한 하루하루의 삶을 거룩함의 수준으로 끌어올릴 수 있을까? 이 질문에 대한 한 가지 답은 미드라쉬Midrash에 나오는 에녹Enoch의 일화에서 찾을 수 있다.

미드라쉬에 의하면 대홍수 이전에 살았던 아담의 8대손 에녹의 직업은 신발을 만드는 화공靴工이었다. 그는 한 땀 한 땀 바느질을 하면서 자기 일을 거룩한 수준으로 끌어올렸다고 한다. 내가 만드는 이 신발이 많은 사람에게 도움이 될 수 있도록, 튼튼하고 편한 신발을 만드는 데 최선을 다했던 것이 그를 의로운 사람으로 만들었다.

한 마디로 하면 내가 하는 일을 '예술의 경지로 끌어올리려는' 장인정신을 가지고 일하는 것이다. 앞에서 말한 커피숍 사장님처럼 내가 만드는 커피를 가장 귀한 분에게 올린다는 마음으로 커피를 내리고 서빙을 하는 것이다.

진리를 찾기 위해 먼 길을 떠나거나, 산속에 들어가 수행할 수도 있지만 오늘 나의 삶 가운데 다른 사람에게 친절을 베풀고, 어려운 사람을 돕고, 이 세상을 좀 더 나은 곳으로 만드는 작은 일을 하는 것이 바로 경건한 삶을 실천하는 것이라고 할 수 있다.

또 하루하루의 평범한 일상에서도 내가 지금 무엇을 하는가에 대한 분명한 의식을 갖는 게 중요하다. 일상이 일상이 되지 않고 거룩한 삶이 되느냐 아니냐는 바로 그 일을 의식을 가지고 하는가 아니면 아무 생각 없이 습관적으로 하느냐에 달렸다. 내가 먹고, 마시고, 잠자고, 일을 할 때 '내가 이것을 왜 하는가?', '또, 무엇을 위해 하는가?'를 생각해야 한다. 그러면 그런 일상이 영적인 삶이 될 수 있고, 그렇지 않다면 동물과 같은 삶을 사는 것과 다름없다고 탈무드는 말한다.

이런 맥락에서 한 랍비는 이런 실천을 권한다.

"운전하다가 빨간 불을 만나면, 눈을 감고 1~2분 정도 잠깐 멈추고 명상을 해보라. 나는 지금 어디로 가고 있는가? 무엇을 하고 있는가? 그러면서 오늘의 의미와 나의 삶에 대해 잠깐이라도 생각하는 시간을 가져보라."

가장 좋은 방법은 하루에서 가장 방해받지 않는 시간에 토라, 탈무드와 같은 신앙 텍스트나 인문학 텍스트를 읽고, 오늘 하루의 의미를 생각하고 정리하는 시간을 갖는 것이다. 이렇게 하루하루의 의미를 기억하며 깨어 일할 때 일상을 통한 거룩함을 경험할 수 있을 것이다.

탈무드식 생각훈련

1. 진리와 사랑을 말하는 종교가 변질되어 비 진리를 옹호하고, 사람들을 억압하는 도구가 되는 이유는 무엇일까?

2. 일상의 충실을 강조하면 종교적 행위나 의식 같은 일상과 구분되는 형식은 다 필요 없는 것일까?

3. 탈무드의 티쿤 올람이나, 토라를 기본 경전으로 하는 유대교 계통 종교의 핵심 사상인 '신을 사랑하고 이웃을 사랑하라'는 가르침은 경천애인敬天愛人이라는 동양사상과 단군의 건국이념으로 우리 조상들이 생각했던 홍익인간弘益人間 사상과도 맥이 닿아 있다고 할 수 있다. 그런데 이런 사상이 이후 각 사회에서 달리 구현됐던 이유는 무엇인가? 그리고 그런 정신이 가장 잘 이어지고 실천되는 곳은 어디라고 할 수 있을까?

악인에게 좋은 것은
의인에게 해가 된다

　탈무드에서는 악인의 본질과 그들의 말과 행동에 대한 주의 깊은 관찰이 자주 나온다. 유대인들은 아브라함 이후로 가나안에서의 방랑 생활, 이집트에서 수백 년의 노예 생활을 포함해 로마에 멸망한 이후 거의 2,000년간 나라 없이 떠돌이 유랑 생활을 해야했다. 그러는 사이 어떤 면에서 눈칫밥 하나는 타의 추종을 불허하게 길러졌다고 볼 수 있다.

악인의 말과 행동

그들이 수천 년 동안 유라시아 대륙을 떠돌면서 깨달은 것은 이 세상은 의인보다는 악인이 많다는 현실이었다. 그래서 자신들을 핍박하는 악인들이 어떻게 생각하고 말하고 행동하는지에 대한 깊은 분석을 했다. 그리고 토라와 탈무드 공부를 통해 후손들에게 그들의 깨달음을 전수하고 있다. 그중 하나가 바로 품성이 좋지 않은 사람들과의 관계는 빨리 정리해야 한다는 깨달음이다.

야곱은 이스라엘 12부족의 족장을 낳은 이스라엘의 실질적인 조상이다. 창세기에서 야곱의 외삼촌이기도 한 라반_{Laban}은 자기 이익만을 추구하는 속물적 악인의 전형을 보여준다. 자기 딸과의 결혼을 미끼로 먼 가나안 땅에서 형의 살해 위협을 피해 도망온 외조카를 7년간 무임금으로 일하게 한다. 그리고 결혼 때 신부를 바꿔치기하여 다시 7년의 무임금 노동을 끌어낸다.

약속한 14년이 지났지만, 라반은 야곱을 놓아주려 하지 않았다. 간신히 밀린 임금을 받아내서 고향인 가나안 땅으로 돌아가려는 조카를 추적하여 다시 잡아두려고 한다. 이런 라반에게 신神은 그의 꿈에 나타나 "야곱에게 아무 좋은 말도, 아무 악한 말도 하지 말라"고 말한다.

랍비들은 "악인의 좋은 말은 감언이설이고, 나쁜 말은 협박"이라고 가르친다. 악한 품성의 사람이 의외로 호의적인 말을 하면 오히려 그 의도를 의심해봐야 한다. 그 속에 다른 의도를 품고 사탕발림하는 경우가 많기 때문이다. 그러다가 자신이 불리한 상황에 부닥치면 사탕발림은 협박으로 바뀐다. 이는 역사상 많은 정복자가 쓰는 화법이기도 했다.

"짐은 이 세상의 평화를 위해 이 땅에 왔노라. 나에게 굴복하고 충성을 맹세하면, 나는 너희를 다른 어떤 제후국보다 높여주고 너의 위신을 세워주겠다. 하지만 나에게 대적하려 한다면, 너희 모든 백성과 가축은 도륙당할 것이고, 네 아내와 딸들은 욕보임을 당할 것이며, 너희 도성은 폐허로 변하게 될 것이다."

사업에서 악덕 업자들이 쓰는 화법도 이와 비슷하다. "이번에 저희와 거래하시면 최고 조건으로 계약해드리겠습니다. 하지만 만약 다른 업체와 거래하신다면, 앞으로 이 바닥에서 장사하기 쉽지 않으실 겁니다."

탈무드에서는 악인이 선인이 되는 것은 쉽지 않다고 본다. 지금까지 그렇게 사는 것이 최선이라고 생각해 온 사람이 한 번에 변하기 쉽지 않기 때문이다. 특히 악한 방법으로 나름의 성공을 거둬온 사람은 특히 더하다. 그러므로 악인과는 될 수 있으면 거래하지 않는 것이 처세의 지혜다.

토라 주석서인 후마쉬Chumash에는 "악인에게 좋은 것은 의인에게 해가 된다. 의로운 사람은 악인에게서 이득을 취하지 않도록 해야 한다. 그런 이득은 진정으로 선한 것이 되기 힘들기 때문이다"라는 말이 있다. 랍비들은 악인에게 이득이 되는 것은 궁극적으로 의인에게는 손해가 된다는 점을 기억하라고 가르친다.

악인에게는 한 푼도 받지 않은 아브라함

악인에게 이득을 취하지 않은 좋은 예는 유대인과 아랍인의 조상으로 여겨지는 아브라함에게서 찾아볼 수 있다. 아브라함은 고향인 우르(지금의 이라크 지역)를 떠나 가나안(지금의 이스라엘) 땅으로 이주한다. 새로운 땅에서 삶은 쉽지 않았다. 이주 첫해 기근으로 고생하고 이집트로 식량을 구하러 내려가야 했다. 조카 롯Lot은 소돔Sodom성 부근에 살다가, 주변 강대국들의 침입을 받아 인질로 끌려가게 된다.

이 소식을 듣고 아브라함은 자기 부하 300여 명을 이끌고, 수만의 대군을 기습하여 조카 롯을 구해서 돌아온다. 아브라함이 적국을 물리치고 롯을 다시 데려왔다는 소식에, 소돔과 고모라 성城의 왕은 아브라함에게 전리품을 취하고, 자신들의 성에 들어와 살라는 제안을 한다. 하지만 아브라함은 이들의 제안을 한마디로 거절한다. 소돔과 고모라는 여러 가지 악행으로 인해 이후 하늘의 심판을 받는 타락한 도시였기 때문이다. 눈앞에 이득이 있고, 그 이득을 취하는 것이 특별히 문제가 없었음에도 아브라함은 악인을 통한 이득은 취하지 않으려고 했다.

하지만 막상 세상을 살다 보면 이 원리를 실천하기가 쉽지 않다. 상대가 악한 사람이고, 정의롭지 못한 방법으로 거래하거나 기업을 운영하는 것을 알면서도 눈앞의 이익 때문에 협력하는 경우가 많다. 하지만 내가 악인과 협력하여 악인이 이득을 보게 된다면 결국 나에게 해가 되어 돌아올 수밖에 없음을 알아야 한다.

많은 사업상 전략적 제휴 혹은 악덕 기업과의 동거가 실패로 끝나는 이유도 여기 있다. 선하고 윤리적인 기업이 아니라면 전략적 제휴는 생각하지 않는 게 좋다. 선한 기업인지 아닌지 모른다면, 충분한 시간을 갖고 제휴 여부를 검토해야 한다. 이미 업계에서 안 좋은 평판을 받는 기업이라면 아예 검토의 가치가 없다. 궁극적으로는 이러한 제휴가 나에게 독이 되어 돌아오기 때문이다.

탈무드를 제대로 공부했다면, 유대인 아이들은 어려서부터 세상이 선하고 아름다운 곳만은 아니라는 현실을 분명히 깨닫게 된다. 기본적으로 유대 사상은 사람이 처음부터 선하거나 악하다는 선악결정론적인 생각을 갖지 않는다. 어떤 환경에서 어떻게 자라왔는지를 그 사람의 품성을 결정하는 가장 큰 변수로 본다. 그렇기에 악한 환경에서 악한 방법으로 성공한 사람이 선한 사람이 되기를 기대하는 것은 너무 순진하고 무모한 생각이다.

악인과의 거래는 가능한 빨리 끝내라

스티븐 코비는 《성공하는 사람들의 7가지 습관》에서 사람들과의 인간관계를 몇 가지로 나누어 설명한다. 구분의 기준은 '나에게 이득이 되는가win', '나에게 손해가 되는가lose'이고 가능한 나도 이익이고 상대로 이익인 원윈win-win 전략을 추구하라고 한다. 불가

피하게 윈윈이 힘들다면 차선책은 서로 주고받는 게 없는 무거래(No Deal, 노딜)를 지향하라고 한다.

탈무드적인 윈리에서 본다면 될 수 있으면 악인들과는 주고받는 것 없이 '노딜'로 가는 게 가장 현명하다. 하지만 어쩔 수 없이 거래해야 한다면, 최대한 그들을 통해 얻는 이득을 줄여야 한다. 악인과의 관계에서 윈윈은 없다. 그들의 이익은 결국 의인에게는 손해이기 때문이다. 이미 관계가 이루어졌다면 차라리 손해를 보고, 그들과의 관계를 빨리 끊는 편이 낫다. 다시 한번 말하지만, 악인과의 윈윈은 없다. 작은 이익은 빨리 포기하고, 악인의 이익을 줄이는 것이 최종적으로 나와 사회를 위해 더 나을 수 있다.

탈무드식 생각훈련

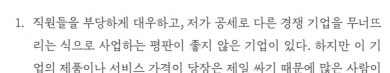

1. 직원들을 부당하게 대우하고, 저가 공세로 다른 경쟁 기업을 무너뜨리는 식으로 사업하는 평판이 좋지 않은 기업이 있다. 하지만 이 기업의 제품이나 서비스 가격이 당장은 제일 싸기 때문에 많은 사람이 이 기업의 제품이나 서비스를 구매하고 있다. 나라면 이런 상황에서 어떤 기준을 가지고 판단해야 할까?

2. 미국에 사는 교포가 새 차를 사려고 하는데, 주변에서는 품질이 좋고 중고차 가격도 많이 보전되는 일본 차를 사라고 한다. 이런 경우 국산 차나 미국 차를 품질이 좋지 않더라도 애국심이나 미국과의 관계를 생각해서 많이 사주는 것이 합리적인 경제적 판단일까? 경제적 이득과 정의를 같이 추구할 수 없다면, 어떤 것을 선택하는 것이 좋을까?

선을 행하는 데 있어
주저하지 마라

　탈무드에서는 선을 행하는 데 있어 주저하지 말고 악을 피하는 것도 신속하게 하라는 가르침이 많이 나온다. 특히 가장 큰 선 중 하나는 토라를 공부하는 것이기에 토라 공부하는 시간을 아까워하거나 뒤로 미루지 말라고 한다. 대표적인 예가 랍비 힐렐이 "여유가 있을 때 공부하겠다고 하지 말라, 그런 여유는 절대 오지 않을 것이다"라고 말하는 것이다.

　그리고 탈무드 타아닛 21a에서는 아주 극적인 사례를 들어 선을 행하는 데 있어 왜 주저함이나 망설임이 없어야 하는지를 보여주는 에피소드가 하나 나온다.

랍비 나훔의 고행과 영적 성장

랍비 나훔Nahum of Gam Zu은 두 눈이 멀었고, 팔과 다리가 없었다. 그리고 온몸이 종기로 덮여 있었다. 그는 다 무너질 것 같은 집에 살고 낡은 침대에 누워 있었는데, 개미가 침대 위에 올라와서 종기를 건드릴까 봐 침대 다리에 물을 담은 물통을 받쳐두었다. 제자들은 위험한 집에 사는 그가 염려되어, 무너질 것 같은 집에서 그를 빼내려고 했다. 먼저 그의 침대를 옮기고 가재도구를 옮기려 하자, 나훔이 말했다.

"먼저 가재도구를 옮기고, 나중에 내 침대와 나를 옮겨주게. 단언컨대, 내가 이 집에 있는 동안 이 집은 절대 무너지지 않을 걸세."

제자들은 나훔의 말대로, 먼저 가재도구를 옮기고 마지막으로 침대에 누워있는 그를 옮겼다. 그리고 그를 밖으로 옮기자마자 집이 무너져 내렸다.

이 모습을 보고 제자들이 말했다. "선생님은 진정 의인이십니다. 말씀하신 대로 선생님이 집안에 계신 동안에는 이 집이 무너지지 않았습니다. 그런데, 어쩌다가 이렇게 되신 건지 말씀해주실 수 있습니까?"

그러자 나훔이 말했다.

"사실 이 모든 것은 내가 자초한 것일세. 내가 한 번은 장인어른 댁을 방문할 때, 당나귀 세 마리에 음식과 마실 것을 나눠 싣고 길을 떠났다네. 길을 가는데, 한 가난한 사람이 내 앞에 서서 말했다네. '선생님, 제게 먹을 것을 좀 주십시오.' 그래서 나는 '그래, 잠시만 기다리게, 내가 당나귀의 짐을 풀고 자네에게 줄 만한 것이 있나 보겠네'라고 했지. 그리고 천천히 당나귀 짐을 풀고 있는데, 그 가난한 사람이 굶주림에 지쳐 죽고 말았네."

"이 황망한 모습을 보고, 나는 그에게 가서 그의 얼굴에 엎드리며 이렇게 기도했네. 이 가난한 사람을 긍휼의 눈으로 바라보지 못한 내 눈이 멀게 하옵시고, 바로 긍휼을 베풀지 못한 나의 손과 발이 잘리게 하옵시고, 내 온몸은 종기로 고생하여 이 잘못의 대가를 치르게 하소서."

이 이야기를 듣고, 제자들이 말했다.

"아무리 그래도, 선생님께서 이렇게 되신 것을 보는 우리 눈이 괴롭습니다."

그러자 랍비 나훔이 말했다.

"아닐세, 자네들이 나의 이런 상태를 보고, 나의 이런 고통이 나의 죄를 씻게 해주었다는 것을 보지 못했다면 그것이 더 화(禍)일 것이네…."

의인에게는 좀 더 높은 도덕적 기준이 요구된다

제자들도 그랬지만 이 이야기를 처음 들은 독자들은 아무리 그래도 랍비 나훔이 이렇게 비참한 지경에 이르기까지 고통을 자청할 필요가 있었을까 하는 의문이 들 수 있다. 하지만 탈무드적 관점에서 보면 왜 나훔이 그렇게까지 했는지 조금 이해할 수 있다.

첫째로, 나훔의 고통은 그가 어쩔 수 없이 받은 것이 아니라 스스로 자원한 것이다. 보통은 자기 잘못에 대해서는 관대하고, 남의 잘못에 대해서는 엄격한데, 나훔은 자기 잘못에 굉장히 엄격했다. 비유하면 자기 잘못에 대한 대가로 군대에 가라는 요청을 받았을 때, 그는 일반 군대에 가기보다 해병대나 특수부대와 같이 훈련이 힘든 부대에 지원한 것이다.

적당히 반성하고, 적당히 선을 행하며 살 수도 있었지만, 그는 좀 더 강한 훈련으로 자신을 연단하고 잘못에 대한 대가를 치름으로 더 큰 영적 성장을 이루길 바랐다. 그래서 그가 결국 목표한 수준에 이르렀음을 탈무드 본문에서는 그가 있는 동안에는 집안이 무너지지 않았고, 이 모습을 보고 제자들이 그가 참 의인임을 깨달을 수 있었다고 표현한다.

사실 많은 학자나 지도자들 가운데 그가 참 스승인지 아니면 거짓 교사나 위선자인지 알 수 있는 좋은 방법 중 하나는 그가 고난에 처했을 때 어떤 자세와 모습을 보이는지 확인하는 것이다. 비단 지도자들뿐 아니라 사람의 진가는 그가 고통당할 때 나타난다고 한다. 모든 일이 잘되고 좋을 때는 다 착한 척, 고상한 척 할 수 있다. 하지만 힘들고 어려울 때 사람의 바닥이 드러나고 그 사람이 어느 수준에 있는지 분명히 알 수 있다. 비바람이 불어 봐야

이 집이 튼튼한 바위 위에 지은 집인지, 모래 위에 지은 집인지 알 수 있는 것과 같다.

나훔은 보통 사람들이면 감당하지 못할 상황에서도 평정심을 잃지 않았고, 제대로 공부하고 연구할 수 없는 신체의 한계 가운데서도 많은 제자들에게 가르침을 줄 수 있을 정도의 영성과 실력을 갖추고 있었다. 손발이 없고, 눈이 보이지 않는 장애가 있는 그에게 많은 제자들이 가르침을 청했다는 것만으로도 그가 어느 정도의 수준에 이른 영적 지도자인지 알 수 있다.

둘째로, 토라나 탈무드에서는 의인이나 지도자들에게 좀 더 높은 수준의 의나 도덕적 기준을 적용해야 한다고 말한다. 이스라엘 역사상 가장 위대한 왕으로 꼽히는 다윗도 마찬가지다. 선지자들이나 역사 기록자들은 그의 인생의 유일한 오점이라고 할 수 있는 부하 장수의 아내를 취하고, 끝내 부하 장수를 죽인 사건을 아주 크게 다룬다.

다윗은 이 한 번의 실수로 인해 집안에서 여러 어려움을 겪고 결국 자기 아들 압살롬에 의해 쫓기는 신세까지 된다. 동양적인 정서에서는 위대한 인물의 잘못은 덮어주려고 하지만, 유대인적인 관점에서는 위대한 인물일수록 더 엄격한 잣대로 평가하고 작은 허물도 자세히 기록하여 후대에 전해야 한다고 보는 것이다.

신속한 선행이 만든 행복한 결말

하지만 탈무드에는 이렇게 고통스럽고 힘들게 의를 이룬 경우 만을 말하지는 않는다. 신속하게 선행을 실천해 행복한 결말을 만 든 사례가 더 많은데 가장 대표적인 경우가 위에서 말한 다윗왕의 조상이 된 보아스다.

다윗의 증조 할머니 룻Ruth은 원래 유대인이 아닌 모압Moab 사람 이었다. 여러 사정으로 유대 땅을 떠나 모압으로 온 유대인 가정 과 결혼했는데, 남편은 일찍 죽고 역시 과부가 된 시어머니 나오 미Naomi를 따라 다시 유대 마을로 돌아오게 되었다. 두 과부가 추 수가 끝난 들판에서 이삭을 주워 연명하던 가운데, 한 추수 터에 서 나오미 남편 가문의 먼 친척인 보아스Boas라는 지방 유지를 만 나게 된다.

보아스는 이 가난한 친척 가문을 불쌍히 여기고, 유대 풍습에 따라 룻을 아내로 맞이해서 나오미 가족의 대를 잇게 했다. 그리 고 이렇게 태어난 아들이 오벳이다. 오벳은 이새를 낳고, 이새가 다윗을 낳아 다윗 가문과 왕조가 만들어진 것이다.

그런데 랍비들은 이 사건을 설명하며 보아스가 룻과 결혼했을 때 이미 60을 넘긴 나이였고, 그가 주변의 눈총이나 마을의 소문 을 신경 쓰지 않고 빨리 결혼을 해서 다윗왕의 가문이 만들어질 수 있었다고 말한다. 보아스는 룻과 결혼한 지 얼마 되지 않아 바 로 죽었기 때문이다.

우리는 종종 선을 행하는 일이나 인문학 공부를 하는 일 등을 중요하지만 급하지는 않은 일이라고 생각한다. 하지만 탈무드에서는 중요한 일일수록 미루지 말고 급하게 하라고 권한다. 그게 우리의 게으른 본성을 극복하고 더 나은 삶을 살 수 있는 지혜이기 때문이다.

탈무드식 생각훈련

1. 랍비 나훔의 일화는 '선을 행하는데, 주저하거나 망설이지 말라. 신속하게 선을 행하라'라는 교훈을 준다. 그런데 왜 우리는 선을 행하는 데 주저하거나 망설이게 되는 것일까?

2. 많은 격언에서 '고통 없이 성장은 없다No pain, no gain', '잔잔한 바다는 훌륭한 선원을 만들지 못한다A smooth sea sever made a skilled sailor'라고 말한다. 정말 성장을 위해 고난과 역경은 필수일까? 고난과 역경 없이 성장하는 방법은 없을까?

3. 많은 종교에서 몸과 마음을 괴롭게 하는 고행을 해야 수양이 된다고 생각한다. 다른 종교의 고행과 랍비 나훔이 자초한 고난은 어떤 차이가 있을까?

영적 성장을 원한다면
식욕와 성욕을 제어해야 한다

성경은 아담과 이브가 선악을 알게 하는 나무의 열매를 따먹고 타락하게 되었다고 말한다. 그런데 왜 선악을 알게 된 것이 잘못의 시작이고, 영원히 살 기회를 박탈당하게 된 계기가 됐을까? 탈무드는 '인간이 육신을 가지고 있기 때문'이라고 답한다. 천상에서도 선악에 대한 개념이 있었고, 천사들도 선악을 알고 있었다. 하지만 천사들은 악을 구현할 수 있는 몸이 없다. 천사는 선과 악을 이론적으로만 알고 있고, 몸으로는 실천할 수 없다.

그러나 인간은 자신이 먹거나 받아들인 것을 내재화시킬 수 있는 존재다. 그렇기에 인간이 먹은 것은 인간의 몸에 들어가 인간을 구성하는 존재가 된다. 선악을 알게 하는 지식을 열매로 얻어서 인간은 선과 악을 구분하고 알게 되었다. 하지만 여기에 더해 인간은 선과 악을 몸으로 실천할 수 있는 위험한 존재가 되었다. 이론적으로 선을 실천할 가능성이 있지만 현실적으로 선보다 악을 실천할 가능성이 크다. 그러므로 이런 인간이 천사와 같이 영원히 살게 된다면 큰 문제가 된다.

그렇기에 인간이 선악과를 따먹은 결과로 받게 된 것은 육신의 죽음이라는 유한성이다. 반대로 인간이 유한성을 극복하고 영원한 존재가 되기 위해서는 육신이라는 한계를 벗어버리면 된다. 그리고 그 가능성이 죽음을 통해 열리는 것이다.

먹고 사랑하는 삶의 이상과 현실

줄리아 로버츠가 주연한 2010년도 영화 〈먹고, 기도하고, 사랑하라〉는 같은 제목의 에세이를 쓴 엘리자베스 길버트의 체험을 영화화한 것이다. 성공한 것처럼 보이는 저널리스트 주인공은 남편과 이혼한 후 젊은 남자친구를 만난다. 하지만 새로운 사랑에서도 많은 어려움을 겪고 삶의 의미를 찾기 위해 이탈리아, 인도, 인도네시아 발리로 여행을 떠난다. 이탈리아에서 맛있는 음식을 먹고, 여유를 갖고 감정에 충실한 삶을 사는 이탈리아 친구들을 만나고, 인도에서 명상과 기도를 하며 새로운 자기를 찾는다. 그리고 마침내 발리에서 새로운 사랑을 찾는다는 이야기다.

각박한 일상에서 벗어나 여행을 떠나고 새로운 '나'를 찾으면 더 행복할 수 있다는 메시지를 담은 그의 책은 전 세계적인 반향을 일으키며 천만 부 이상 팔려나갔고, 영화로까지 만들어졌다. 이 책과 영화를 보고 수많은 젊은이가 팍팍한 일상을 뒤로 하고 '진정한 나'를 찾아 전 세계로 여행을 떠났다.

그러면 사람들은 정말 영화에서처럼 이런 일상을 벗어난 여행을 통해 자기 자신, 그리고 참사랑을 찾을 수 있었을까? 물론 영화에서처럼 맛있는 것을 먹고, 요가와 명상을 하며 마음을 가라앉히고, 생각지도 못한 곳에서 꿈꿔온 이상적인 배우자를 만나 사랑하며 행복하게 살 수도 있다. 하지만 실제는 그렇지 않은 경우가 더 많다.

우선 에세이의 주인공이자 베스트셀러 작가였던 1969년생 엘리자베스 길버트는 첫 번째 남편인 마이클 쿠퍼와 이혼하고 2007년에 호세 누네스와 결혼했다. 그리고 2016년에 두 번째로 이혼하고, 2017년에는 동성 연인인 라야 엘리아스와 약혼식을 했다. 라야 엘리아스는 얼마 되지 않아 지병으로 사망했고, 이후 영국 출신의 사이먼 맥카서와 관계를 맺다가 헤어졌다.

영화의 주인공인 줄리아 로버츠는 더 복잡한 연애와 결혼의 삶을 경험했다. 많은 할리우드 남자 배우들과의 교제가 있었고, 서덜랜드와 약혼까지 했다가 1991년 파혼했다. 이후 1993년에 컨츄리 가수 라일 로벳와 결혼했다가 1995년에 이혼했다. 1998년에서 2001년에는 벤자민 브랫과 교제하던 중에 유부남 카메라맨인 다니엘 모더를 만났다.

모더는 전 부인과 이혼하고 줄리아 로버츠와 결혼해서, 로버츠는 다른 가정을 깼다는 비난을 받아야 했다. 이후 모더와의 사이에서 쌍둥이 남매와 아들을 낳고 이후는 안정적인 삶을 살고 있다. 본의 아니게 유명 베스트셀러 작가와 영화배우의 사생활을 자세히 밝히면서까지 여기서 말하고 싶은 바는 실제 삶이 영화처럼 그렇게 낭만적이고 단순하지 않다는 것이다.

현대 사회의 행복 지상주의나 쾌락주의적 사고와는 달리 유대 사상은 삶의 목표가 '먹고, 사랑하며 행복하게 사는 것'이 아니라고 말한다. 오히려 사람이 먹고, 생식하는 동물적인 본능에서 벗어나지 못하면 영적인 삶을 살 수 없다고 본다. 그리고 우리는 먹고, 자고, 생식하는 동물이 아닌 영적인 존재임을 계속 강조한다.

인간은 먹는 것에 의해 결정된다

'먹는 것에 의해 내가 결정된다'는 것은 아주 중요한 유대 사상 중 하나다. 그렇기에 그들은 자신들의 몸에 들어가는 음식에 신경 쓸 뿐 아니라, 자신들이 듣는 음악이나 보는 영화, 드라마와 읽는 글에도 신경 쓴다. 사람은 바로 자신이 육체와 정신으로 섭취한 것에 영향을 받기 때문이다.

이는 유대 사상을 넘어 보편적으로 적용해볼 수 있는 삶의 원리이기도 하다. 동양에도 근묵자흑近墨者黑 근주자적近朱者赤이라는 말이 있다. 사람은 주변의 영향을 받기 때문에 가능한 좋은 사람들과 가까이 지내고 좋은 환경에 있으라는 말이다. 하지만 유대 사상에서는 좀 더 적극적으로 인간관계뿐 아니라 나의 삶에 영향을 줄 수 있는 모든 요소를 통제하라고 한다. 더 나은 삶을 원한다면 우리는 우리가 먹는 것, 보는 것, 듣는 것, 그리고 때로는 만나는 사람들도 조절할 필요가 있다.

또 탈무드는 먹고 생식하기 위해 기도하지 말고, 기도와 영적 생활을 유지할 수 있는 최소한의 몸을 유지하라고 조언한다. 이를 영어표현으로 하면 'Do not pray to eat or love, but eat or love to pray(먹고 사랑하기 위해 기도하지 말고, 기도하기 위해 먹고 사랑하라)'라고 할 수 있을 것이다. 육신은 영적인 삶을 위한 도구이지, 육신 그 자체가 삶의 목적이 아니라고 본다.

육신과 영혼의 적절한 관계에 관해 한 랍비는 이런 예화를 전한다. 사람이 죽을 때 영혼과 육신이 분리된다. 이때 두 가지 모습이 나타날 수 있다. 너무 먹고, 마시고, 성적인 쾌락이나 육신의 편안함만을 쫓아 산 사람은 죽을 때 찢어지는 듯한 고통을 맛보게 된다. 마치 종이 두 장을 풀로 단단히 붙였다가 이 둘을 떼어 놓을 때 종이가 찢어지는 것 같은 일이 일어난다.

반대로, 살아있을 때 식욕과 성욕을 제어하고, 내 몸에서 영혼을 떼었다 붙였다 해본 사람은 큰 고통 없이 평안한 죽음을 맞이하게 된다. 내 영혼이 육신에 딱 달라붙어 있지 않기 때문에 자연스럽게 자신의 영혼을 육신에서 분리해 낼 수 있기 때문이다.

육신의 욕망에 집착한 대가

포스트잇처럼 육체와 영혼을 떼었다 붙였다가 하는 연습을 많이 하면 평안하게 죽을 수 있다는 논리다. 인류 대부분의 종교는 영적인 성장을 위해 금욕을 강조한다. 육신이 가지고 있는 가장 큰 욕심은 식욕과 성욕이다. 돈과 권력을 얻기 위해 경쟁하고 치열하게 싸우는 이유도 결국 더 많이 먹고, 더 많은 성적 욕망을 채우기 위함이다. 그래서 많은 종교에서는 소식과 절식을 강조한다. 종교 지도자들은 결혼하지 않고 독신 수행을 하기도 한다.

그런데 유대교에서는 제사장이나 종교 지도자도 고기나 술을 먹게 하고 결혼해서 가정을 이루고 자식을 낳게 한다. 어떻게 보면 금욕과 탐욕의 중간을 취하고 있다. 하지만 그렇다고 아무거나 먹고 아무나와 연애하고 결혼하라고 하지는 않는다. 이른바 먹을 수 있는 음식이 따로 구별되어 있고, 연애하고 결혼할 수 있는 사람들이 구별되어 있다. 또 결혼 후에도 중요한 종교적 절기나 생리 후 1주일 이상 부부간에도 금욕하게 한다. 일부 정통파 유대인들은 자녀를 낳는 생식 목적 이외에 쾌락의 도구로의 성관계를 강하게 규제하기도 한다.

방법이야 어떻든 인류가 5,000년 이상 여러 가지 시행착오를 겪으며 내린 결론은 비슷하다. 사람이 먹고 싶은 대로 먹고 욕구에 끌리는 대로 성적 쾌락을 추구하며 살면 잠시는 좋을 수 있지만, 장기적으로는 마음의 평화나 영적인 성장을 이루기 쉽지 않다는 것이다. 그런데 현대 산업 사회는 이런 인류의 결론과 반대되는 환상을 소설이나 영화를 통해 많이 만들어내고 있다.

식욕과 성욕을 통해 얻은 행복과 만족은 온전하고 지속적일 수 없다. 우리가 항상 먹고 싶은 것만 먹고, 내가 원하는 사람들과 성관계를 가질 수 있는 것은 아니기 때문이다. 또 이렇게 통제할 수 없는 것에 행복의 기초를 두면, 결국 동물적 욕망의 주인이 아니라 노예로 살 수밖에 없다. 그러면 우리는 이런 가르침 앞에서 어떤 선택을 해야 할까? 결국 마지막 선택은 우리가 하는 것이기에, 우리는 몸과 영의 균형, 그리고 나의 삶 가운데 식욕과 성욕의 올바른 자리매김에 대한 나만의 답을 찾기 위해 깊이 있는 질문과 토론을 해볼 필요가 있다.

탈무드식 생각훈련

1. 현대 산업 사회는 왜 식욕과 성욕을 극대화하는 것이 행복한 삶이라
   는 메시지를 전달하는 것일까? 사람들의 식욕과 성욕을 자극하여 돈
   을 벌고 이익을 얻는 사람들은 누구인가?

2. 유대인들의 음식 규정이나 세속적인 영향력과의 거리 두기가 '우리
   는 정결하고, 너희는 불결하다'라는 그릇된 이분법적 사고로 발전하
   면서, 유대인들이 오랜 유랑 생활을 하면서도 다른 민족이나 사회와
   어울리지 못하고 고립되는 결과를 낳았다고 보는 견해도 있다.
   내가 먹고, 보고, 듣는 것을 잘 통제하면서도 세상과 단절 없이 조화
   롭게 사는 방법은 없을까?

점과 운세에 좌우되지 말고, 섭리와 자선에 의지하라

연초가 되면 토정비결을 보거나 한 해의 운세를 점치는 사람이 많다. 사람의 운명이 정해져 있다고 생각하고, 그 정해진 운명을 점이나 주술을 통해 알려고 하는 것은 동서고금을 막론하고 보편적이었다.

하지만 유대 전통에서는 점을 보는 것을 강하게 금지했다. 성경은 당시 가나안 민족들이 행하던 자녀를 희생 제물로 바치는 인신 제사나 점을 보거나 무당을 불러 주술을 행하는 행위를 엄격히 금하고 있다(민수기 18장 9절~13절).

탈무드에 나오는 운명과 운세 이야기

그런데 탈무드는 점성술이나 운명, 운세 자체를 완전히 부정하지 않는다. 탈무드 샤밧Shabbat 156a~b에서는 사람들의 태어난 때와 운명에 관해 이야기하면서도, 유대인은 그 운명을 초월할 수 있다고 말한다. 그러니 너무 점이나 운세에 흔들리지 말라고 한다. 라브는 점성술이나 운세가 유대인에게는 해당하지 않는다고 하면서 창세기 15장에 관련된 이야기를 제자들에게 해주었다.

아브라함이 신에게 말했다.

"우주의 주인이시여, 제가 제 별자리를 보니 저는 아들이 없을 운명입니다."

그러자 거룩한 분께서 말씀하셨다.

"점성술에서 벗어나라."

그리고 신은 그를 밖으로 데리고 나가 별을 보여주셨다.

"너의 별자리인 목성이 서쪽에 있어 네가 자식이 없을 것 같다고 생각하느냐? (그러면) 내가 목성을 동쪽에 놓아 너에게 자식을 주겠다."

이사야서 41장 2절의 "누가 동쪽에서 한 사람을 일으키겠느냐?"라는 구절은 바로 이 사건을 말하는 것이다. 신께서는 아브라함을 위해 목성을 동쪽으로 옮기셨다.

운명을 초월하게 하는 선행의 힘

그리고 탈무드는 사람이 운명을 초월하기 위해서는 선행에 힘써야 한다고 말한다. 이는 자신이나 조상들의 선행이나 음덕陰德으로 불운을 피해 가거나 최소화할 수 있다는 동양적인 생각과도 유사한 것 같다.

탈무드 샤밧 156b에는 이와 관련된 에피소드가 하나 나온다. 쉬무엘Shmuel과 이방인 현자 아블렛Ablet이 앉아 있을 때, 호수로 가고 있는 한 무리의 사람들을 보았다. 아블렛은 "(운세를 보니) 이 사람은 이 길을 가서 돌아오지 못할 것 같네, 뱀에게 물려 죽을 운명일세"라고 말했다. 이에 쉬무엘은 "만약 그가 유대인이라면 그는 다시 돌아올 수 있을 것 같소"라고 말했다. 그들이 앉아 있는 동안 그들이 말한 사람은 가던 길을 갔다가 무사히 돌아왔다.

아블렛이 일어나 그 사람이 지고 있던 짐을 던져보았다. 그러자 짐 속에서 두 토막이 나서 죽어 있는 뱀이 나왔다. 쉬무엘이 물었다.

"당신은 어떤 선을 행했기에 죽을 운명을 피할 수 있었소?"

그 사람이 말했다.

"우리는 매일 식사 때 각자가 가져온 빵을 한데 모아 같이 나눠 먹습니다. 그런데 오늘 한 사람이 빵을 가져오지 못해, 빵을 모을 때 그가 부끄럽게 되었습니다. 그때 제가 다른 사람들에게 말했습니다. '제가 가서 제 빵을 좀 구해와야겠습니다.' 그리고 빵이 없는 사람에게 가서 제가 빵을 그에게 받아온 것처럼 해서, 그가 부끄러움을 당하지 않게 했습니다."

이에 쉬무엘이 말했다.

"선행이 당신을 지켜주었던 것이군요."

그리고 그는 이 사건을 기초로 해서 다음과 같이 제자들에게 가르쳤다.

"잠언에 보면 '자선이 죽음에서 구해준다(잠언 10장 2절)'라는 말이 있는데, 이는 이 사건처럼 예상치 못한 죽음에서 건져줄 뿐만 아니라, 죽음 그 자체에서 사람을 구해주는 것이다."

가장 큰 선행

마지막으로 유대 전통에서는 대가를 바라지 않는 선행을 가장 큰 선행이라고 본다. 최초의 사람 아담과 이브의 가족 이야기가 있는 창세기를 해설하며 다음과 같은 이야기가 유대인들에게 전해져왔다.

큰아들 가인의 살인으로 둘째 아들 아벨을 잃고, 아담과 이브 부부는 아들의 죽음 앞에서 어찌할 바를 몰랐다. 그때 까마귀가 날아와 부리로 땅을 파고, 죽은 동료 까마귀를 묻는 모습을 보았다. 아담은 이 모습을 보고, 죽은 아벨을 땅에 묻어 장사를 지내주었다.

탈무드에서는 이 예화가 이 땅의 악한 행위에 대해 우리가 어떤 대응을 해야 할지를 보여준다고 말한다. 살인이라는 극악한 행위에 대한 가장 바람직한 대응은 살인 피해자를 정성 다해 묻어주는 최고의 선행을 베푸는 것이다.

유대 전통에서는 다른 사람의 장례를 돕거나, 특히 연고 없는 사람의 장례를 치러주는 것을 최고의 선행 중 하나로 여긴다. 이는 대가를 바라지 않는 선행이기 때문이다. 죽은 사람은 나에게 아무 보상이나 혜택을 줄 수 없다. 하지만 나는 그런 사람을 위해 정중히 장례를 치름으로 내가 인간으로 해야 할 도리를 다하고, 나의 수고로 다른 사람을 유익하게 할 기회를 얻게 된다.

세상은 점점 악해지고, 각종 범죄가 늘어나고 있다. 탈무드에서는 이런 사회악에 대해 좀 더 강한 처벌을 하기보다, 좀 더 많은 선행으로 악을 누르자고 말한다. 어떻게 보면 지나치게 이상적인 방법이지만, 이것이 좀 더 근본적인 악에 대한 해결책이 될 수 있기 때문이다.

탈무드식 생각훈련

1. 어떤 때는 운명에 순응하는 것이 순리에 가깝고, 어떤 때는 주어진 운명에 저항하며 새롭게 도전하고 나의 뜻을 펼치는 것이 더 바람직할 수도 있다. 예상치 못한 일을 겪을 때, 운명에 순응해야 할지, 주어진 운명에 맞서는 도전을 해야 할지를 어떤 기준으로 판단할 수 있을까?

2. 선행을 한 사람이 죽음을 피해 더 오래 살게 되면 그의 이웃과 사회는 어떤 유익을 얻게 될까?

3. 악에 대한 처벌보다 좀 더 많은 선행으로 악이 일어나지 않게 하자는 탈무드식 주장을 어떻게 평가할 수 있을까?

뺏길 수 있는 재물보다
누구도 뺏지 못할 지혜를 갖춰라

미드라쉬 탄후마Midrash Tanchuma 테루마Terumah 2장의 이야기다. 한 번은 한 유대인이 많은 사람이 여행하는 배에 올랐다. 배에 탄 상인들은 그에게 "당신은 무슨 물건을 가지고 있소?"라고 물었다. 그러자 그 사람은 "내가 가진 상품은 여러분들이 가진 것보다 훨씬 귀한 것입니다"라고 말했다. 이에 사람들은 그가 가진 것이 무엇인지 알아보기 위해 배를 뒤졌지만, 아무것도 찾지 못하고 그를 비웃기 시작했다.

이 일 후에 얼마 지나지 않아 해적 떼가 그들이 탄 배를 덮쳐 배에 있는 모든 것을 다 빼앗아 갔다. 다행히 목숨은 건진 사람들은 항구에 도착했지만, 대부분 사람들이 먹을 음식이나 옷도 제대로 갖추지 못한 채 도시에 들어갔다.

그때 배를 함께 탄 유대인은 학교로 들어가 자리에 앉아 학생들을 가르치기 시작했다. 마을 사람들은 그가 학식이 높은 학자임을 알아보고 그를 극진히 대접했다. 사람들은 전통에 따라 기금을 모아 그 학자에게 전달했다. 마을 유지들이 그를 찾아왔고, 그가 가는 곳마다 동행했다. 배에 같이 탔던 상인들이 이 모습을 보고 그에게로 찾아가 사정했다.

"선생님, 제발 저희 좀 도와주십시오. 선생님은 저희에게 무슨 일이 있었는지 잘 아시지 않습니까? 우리는 해적에게 모든 재산을 다 빼앗겼습니다. 이 마을 사람들에게 잘 말씀해주세요. 마을 사람들이 저희에게 빵을 주어 저희가 굶어죽지 않게 해주세요."

이에 학자가 말했다.

"제가 배에서 말씀드렸지요. 제가 가지고 있는 것이 여러분들이 가지고 있는 것보다 훨씬 귀한 것이라고요. 여러분들의 재물은 없어졌지만, 제 것은 누구도 빼앗아 갈 수 없었습니다. 잠언에서 '내가 네게 좋은 교훈을 주나니, 나의 가르침을 저버리지 말라(잠언 4장 2절)'고 하는 이유이기도 합니다."

보이지 않는 가장 귀중한 것

바벨론 포로기(기원전 6세기) 이후 토라를 꾸준히 읽기 위해 유대인들은 한 주당 읽어야 할 토라 분량을 정해 주중 기도 시간에 정기적으로 읽었다. 해당 주에 읽어야 할 토라 분량을 파르샤Parshah라고 하는데, 보통 해당 본문의 첫 글자를 따서 이름을 붙였다. '테루마'는 제물이라는 뜻으로 출애굽기 25장 1절부터 27장 19절까지 부분이다. 주로 성전의 도구, 성막, 제단 등에 관한 내용이다.

출애굽기 25장 2절에는 "그들이 나에게 예물을 가지고 오게 하라"라는 구절이 있다. 라키쉬Lakish의 아들 랍비 시므온은 이 구절을 다음과 같은 에피소드를 들어 해설했다. 함께 여행하던 두 명의 상인이 있었다. 한 사람은 비단을 팔았고, 한 사람은 후추를 팔았다. 그들이 서로 말했다. "우리 상품을 한 번 교환해볼까?" 그렇게 해서 한 상인은 후추를 가지고, 다른 이는 비단을 가졌다. 이렇게 되면 한 사람이 가진 것은 더 이상 다른 사람이 가질 수 없게 된다.

그런데 탈무드 공부에서는 이렇지 않다. 만약에 한 사람이 탈무드의 제라임(Zeraim, 씨앗) 편을 공부하고 다른 사람이 모에드(Moed, 시간과 계절) 부분을 공부했다고 해보자. 그리고 각자가 자기가 공부한 부분을 서로에게 가르치면 두 사람은 두 주제에 대한 지식을 얻게 된다. 진정으로 세상에 이렇게 좋은 거래가 또 있을까? 물질은 유한하고 나눌 수 없지만, 탈무드를 통해 얻을 수 있는 지혜는 무한하고 나눌 수 있다는 교훈을 준다.

물질보다 정신이 중요하고, 돈보다 지혜가 중요하다는 것은 유대인들이 생생하게 체험한 현실이기도 하다. 유대인들은 기원후

70년 로마에게 완전히 멸망하고 전 세계로 흩어져, 2,000년 동안 나라 없이 전 세계를 떠돌았다. 하지만 그들은 학문과 지혜로 인류에 크게 이바지했다. 수많은 사상가와 과학자를 배출하고, 현대 금융 자본주의와 할리우드 영화와 같은 문화 산업을 만드는 데 중심적인 역할을 했다.

무력보다 정신적인 힘을 강조한 선각자들

우리나라에도 일제 강점기에 유대인들처럼 나라는 빼앗기더라도 교육을 지키고 총칼을 들고 일제에 맞서 싸우기보다 문화 민족의 역량을 키우자고 주장한 선각자들이 있었다. 하지만 안타깝게도 이런 주장을 한 사람들은 대부분 일제 말기에 친일로 전향하고, 독립운동의 주류는 무장 독립 투쟁을 주장하는 사람들이 차지하게 되었다. 그리고 이렇게 내적인 힘보다 외적인 무력을 기르자는 목소리가 큰 가운데, 갑자기 맞이한 해방공간에서 우리 민족 내에는 진정한 자주독립 국가를 이룰 수 있는 실력 있는 인재들이 많지 않았다.

이미 마빈 토케이어 편역 탈무드에 소개되어 많이 알려진 에피소드를 다시 언급하고, 그 원전이 탈무드가 아니라 미드라쉬 탄후마임을 이 책에서 밝힌 이유도 한 편으로는 이번 주제와 관련이 있다. 프롤로그에서 밝힌 대로, 마빈 토케이어 편역 탈무드의 원래 일본어판 원고는 《추한 한국인》이라는 험한 서적을 쓰고 일본의 침략 행위를 정당화하는 주장을 펼친 일본의 극우 정치가 가세 히데아키加瀬英明가 만든 것이다.

가세 히데아키는 당시 일본에 와 있던 미국 군종 랍비였던 마빈 토케이어가 들려준 재미있는 유대인 관련 우화를 모아 마빈 토케이어의 이름으로 출간했다. 필자는 이런 출간의 배경을 알고 나서 가세 히데아키가 만든 책이 우리나라 각 가정에 꽂혀있고, 태교나 수많은 아동 도서에서 인용되는 모습을 참기 힘들었다. 그래서 부족하나마 필자가 제대로 탈무드를 공부해서 우리나라 독자들을 위한 탈무드 우화집을 따로 내고, 마빈 토케이어 탈무드 예화의 원전을 다 밝혀, 저작권 문제없이 우리나라 저자들이나 출판사에서 사용하게 하고 싶었다.

하지만 이 방대한 작업을 저자 혼자서는 하기 쉽지 않았고, 결국 이렇게 몇 개 에피소드의 출처를 찾는 데 그치고 말았다. 우리가 정치적으로는 일본으로부터 독립했지만 여전히 문화적, 학문적으로는 그들의 영향력에서 벗어나지 못했다는 것을 다시 한번 체험하는 순간이었다. 비단 이런 탈무드 우화집뿐 아니라, 다른 많은 학문, 문화 영역에서 잘못된 생각과 역사관을 가진 일본인이나 친일 부역자의 영향력을 찾아내고 우리 실력으로 그 분야를 바로 잡을 수 있을 때 진정한 독립을 이루는 게 아닐지 싶다.

역설적이지만 무장 독립운동에 앞장섰던 김구 선생은 우리나라가 군사적, 경제적 강국이 되는 것보다, 문화 강국이 되기를 바랐다.《백범일지》 중에는 이런 말이 있다.

"내가 남의 침략에 가슴이 아팠으니, 내 나라가 남을 침략하는 것을 원치 아니한다. 우리의 부력富力은 우리의 생활을 풍족히 할 만하고, 우리의 강력強力은 남의 침략을 막을 만하면 족하다. 오직 한없이 가지고 싶은 것은 높은 문화의 힘이다. 문화의 힘은 우리 자신을 행복하게 하고, 나아가서 남에게 행복을 주기 때문이다."

그리고 이렇게 이룬 창의적인 우리 문화를 통해 세계 평화에 이바지하자고 주장했다. 김구 선생이 말한 문화 강국의 비전과 유대인들이 꿈꾼 지혜로운 민족과 나라는 어딘가 매우 비슷해보인다. 그리고 유대인들은 어느 정도 그 비전을 이루었고, 우리도 민주화 이후 문화 민족의 역량을 점점 키워가고 있는 것 같아 기쁘다.

탈무드식 생각훈련

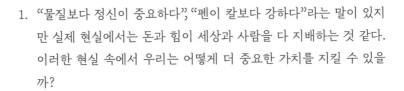

1. "물질보다 정신이 중요하다", "펜이 칼보다 강하다"라는 말이 있지 만 실제 현실에서는 돈과 힘이 세상과 사람을 다 지배하는 것 같다. 이러한 현실 속에서 우리는 어떻게 더 중요한 가치를 지킬 수 있을 까?

2. 독일의 극작가 베르톨트 브레히트는 "파시즘이 남긴 최악의 유산은 파시즘과 싸운 인간의 내면에 파시즘을 남기고 사라진다는 것이다" 라고 말했다. 우리말에도 싸우면서 닮는다는 말이 있다. 이런 현실 을 고려할 때 악과 싸우는 사람들이 외부의 적과 싸우기 전에 먼저 길러야 할 마음의 소양은 무엇이라고 할 수 있을까?

Part 4

행복한 가정을 만드는
탈무드식 생각

분노와 화로부터
마음의 평화를 지키는 방법

아버지를 매우 존경하고 자랑스럽게 여기는 아들이 있었다. 아버지가 한번은 아들에게 이렇게 말했다.

"네가 이렇게 내가 살아 있는 동안 나를 공경하니, 내가 죽은 이후에도 나를 공경하는 의미로 한 가지 부탁을 들어주렴."

"물론이죠, 아버님. 어떤 부탁입니까?"

"앞으로 살아가면서 크게 화가 나고 분노가 치밀 때가 있을 거야. 만약 참을 수 없는 상황에 이르게 되면 너의 분노를 하루만 참고, 쏟아 놓고 싶은 이야기를 하루만 마음속에 담아 두거라."

"네, 명심하겠습니다."

아버지가 돌아가신 후, 아들은 돈을 벌기 위해 해외로 멀리 나가게 되었다. 그는 아내의 임신 사실을 모르고, 아내를 집에 홀로 두고 떠났다. 몇 년 내에 돌아올 줄 알았지만, 일이 예상대로 잘되지 않아, 그는 계획보다 더 오래 해외에 머물렀다. 그리고 그의 이런 사정을 집에 제대로 알릴 수 없었다.

십여 년이 지나 모든 일을 정리하고 그는 마침내 집으로 돌아갈 수 있었다. 집에 와서 방문을 두드리려고 하니, 방에서는 어떤 남자의 목소리가 들리고, 그 남자가 자기 아내의 볼에 키스하는 소리가 들렸다. 그는 당장 칼을 뽑아, 방 안으로 들어가 두 남녀를 찔러 죽이고 싶은 분노의 감정에 휩싸였다. 그런데 그때 갑자기 자기 아버지가 남긴 부탁이 생각났다. 그는 자기 칼을 칼집에 넣고, 우선 다른 곳에 가서 하루 자고 오기로 했다. 내일 날이 밝고 다시 와서 사정을 알아보자는 마음으로 집을 떠나려고 할 때, 방에서 아내의 목소리가 들렸다.

"아들아, 네 아버지가 집을 떠나신 지 십여 년이 흘렀구나. 만약에 네가 태어난 줄 아셨다면, 만사를 제쳐 놓고 돌아오셔서 네 장가보낼 준비를 해주셨을 텐데."

이 소리를 듣고, 사내는 다시 문 앞으로 돌아와 문을 두드리며 말했다.

"여보, 사랑하는 이여. 문을 열어주시오."

그리고 하늘에 감사를 드렸다.

"나의 분노를 누그러뜨려 주셔서 감사합니다. 그리고 내게 분노를 하루만 참아보라고 조언하신 우리 아버지를 축복하소서. 그렇지 않았더라면, 나는 나의 아내와 아들을 죽였을 것입니다."

위 이야기는 유대 전승으로 내려오는 분노와 관련한 에피소드다. 탈무드는 분노는 나쁜 기운이고, 분노에 휩싸이게 되면 사람은 악의 도구가 될 수밖에 없다고 말한다. 그리고 분노를 조절하기 위해 다음의 네 가지 방법을 제시한다.

1. 분노의 대상에 하루의 시간을 주어라.

2. 가능하면 말로 분노의 감정을 쏟아내지 말라.

3. 어쩔 수 없이 분노의 말을 내뱉었다면, 나중에 상대에게 용서를 구하라.

4. 신神께서 나의 말과 행동을 지켜보고 계심을 기억하라.

마음의 평화를 지키는 10가지 방법

캐나다에서 활동하는 유대 정통파 랍비 마이클 스코박은 분노로부터 마음의 평화를 지키는 10가지 방법을 소개한다. 우리에게도 큰 도움이 될 것 같아, 핵심적인 내용을 아래와 같이 정리해보았다.

하나, 불편함과 짜증이 올라올 때, 그 싹을 잘라라. 불편한 감정이 자라게 하면, 감정은 성난 말처럼 날뛰게 되고, 분노와 화로 이어진 상황에서의 감정 통제는 더 힘들어진다. 이런 감정이 올라올 때 처음부터 차단하고, 다른 더 중요한 일에 관심을 돌리는 지혜가 필요하다.

둘, 나를 화나고 성가시게 하는 사람을 중요한 사람이라고 생각하라. 회사 사장님이나 대통령이 나를 짜증 나게 하면 그에게 화를 낼 것인가? 화와 분노의 밑바탕에는 그 사람에 대한 무시와 경멸이 자리 잡고 있다.

셋, 조급하면 짜증이 더 난다. 해야 할 일을 미루지 말고 서둘 일을 만들지 말라.

넷, 줄을 서거나 기다려야 할 때 시간을 의미 있게 활용할 수 있는 방법을 미리 준비하라. 책을 가지고 다니거나, 꼭 들어야 할 강의를 미리 내려받아 두었다가 기다리는 시간을 잘 활용하면 짜증 나는 상황에서도 화를 내지 않을 수 있다.

다섯, 인내를 시험받을 때 불평하거나 화를 내기보다 나의 인격을 한 단계 더 성숙시킬 기회로 받아들이라. 성장과 성숙은 저절로 되지 않는다. 이런 고통의 시절을 겪은 후에 더 크게 성장할 수 있다.

여섯, 화를 내고 내 감정을 폭발시켰을 때 잃게 될 것을 생각하라. 분노를 참지 못하고 뱉은 말로 돈과 건강, 지금까지 쌓아온 좋은 인간관계 등을 한순간에 잃을 수도 있다.

일곱, 삶을 단순화하라. 다른 사람들과의 접점이 많으면 예상치 못한 수많은 상황을 만드는 가운데 마음의 평화를 유지하기란 정말 힘들다.

여덟, 다른 사람에게 많은 기대를 하지 말라. 기대는 실망을 낳고, 짜증과 분노로 이어진다.

아홉, 짜증과 분노가 올라올 때 크게 숨을 한 번 들이쉬고, 내쉬면서 몸을 이완하라. 몸과 마음은 연결되어 있다. 몸을 이완하면 좀 더 여유가 생긴다.

열, 화가 나는 상황에서도 가능하면 조용조용 이야기하고 목소리를 높이지 마라. 목소리를 높이고 화를 분출하면 통제할 수 없는 상황에 이르게 된다. 평소에 흥분하지 않고, 차분히 말하는 연습을 해둘 필요가 있다.

탈무드식 생각훈련

1. 어떤 사람들은 적절히 화를 내는 식으로 마음속의 감정을 표출하지
   않으면 화병火病이 되어 몸과 마음을 더 상하게 한다고 말한다. 그래
   서 화날 때는 너무 참지 말고 화를 내야 한다고 주장하기도 한다. 평
   화적으로 화나 분노를 표출할 수 있는 방법은 무엇일까?

2. 사소한 일에도 짜증이 나고 화가 날 때, 나의 몸과 마음의 상태는 어
   떠한가? 충분히 잠을 자지 못하고, 배가 고프거나 스트레스가 많은
   상황에서는 사소한 일에도 민감하게 반응하게 된다. 화를 내지 않
   고, 마음의 평화를 유지하기 위해 평소에 몸을 어떻게 유지하고 관
   리해야 할까?

3. 화나 분노도 우리 감정의 하나인데, 우리는 평소 적절하게 우리의
   감정을 표현하는 방법을 배울 기회가 적다. 어려서부터 자신의 감정
   을 잘 드러내고 다른 사람과 소통하게 하기 위해서는 어떤 교육이
   필요할까?

사람의 짝을 지어주는 일은
바다를 가르는 일보다 어렵다

마빈 토케이어 편역 탈무드에도 소개된 결혼에 대한 에피소드다(미드라쉬 창세기 라바 68장).

한 로마의 귀부인이 랍비 요시Yosi에게 물었다.

"신께서는 얼마 동안, 이 세계를 지으셨나요?"

"6일입니다. '6일 동안 신께서 만드시고…(출애굽기 20장 11절)'라고 되어 있기 때문입니다." 랍비가 대답했다.

"그러면 그 이후 신께서는 무엇을 하고 계시나요?"

"신께서는 하늘의 보좌에 앉으셔서 사람의 짝을 지어주고 계십니다. 이 집의 딸은 저 사람에게, 이 과부는 저 사람에게…. 이 사람의 아들은 저 사람에게…." 랍비가 답했다.

"아니, 당신은 겨우 이런 일을 하는 신을 믿는 겁니까?" 귀부인이 말했다.

"그런 일은 나도 할 수 있어요! 제게는 많은 남녀 노예가 있습니다. 저는 즉시 그들을 다 짝지어줄 수 있어요."

"당신에게는 이 일이 쉬울 수 있어도, 그분께는 홍해를 가르는 것만큼 어려운 일입니다."

랍비가 자리를 비우자, 귀부인은 천 명의 남자 노예와 천 명의 여자 노예를 한 줄로 세웠다. 그리고 '너는 재랑 결혼하고…' 하면서 천 명의 짝을 다 찾아주었다.

다음날 한 노예는 머리가 깨지고, 한 노예는 눈을 다치고, 또 한 노예는 다리가 부러져 절름거리며 부인에게 찾아왔다.

"무슨 일들이냐?" 귀부인이 물었다. 그러자 그들이 귀부인에게 말했다.

"저는 마님께서 정해준 짝과는 도저히 못 살겠습니다."

즉시 귀부인은 랍비 요시를 불러 말했다.

"당신의 신 같은 분은 없고, 당신의 토라는 진리이고 기뻐하고 찬양받을 만하오. 당신은 지혜롭게 말해주었소!"

그러자 랍비가 말했다. "제가 말씀드렸지요. 사람의 짝을 찾아주는 것이 당신의 눈에는 쉬워 보여도, 거룩하신 분께는 바다를 가르는 것만큼 어려운 것이라고요. 어떻게 생각하십니까? 거룩하신 분께서 사람들이 원치 않는 결혼을 시켜서 그들에게 해를 주고자 하겠습니까? 또 시편에는 이런 말씀이 있습니다. '신께서 외로운

자들을 가족 가운데 두시고, 갇힌 자들을 노래와 함께 내보내신다(시편 68장 6절).' 사람들은 자신의 배우자가 슬픔 때문에 울지 않기를 원하고 즐거움으로 노래하길 원합니다."

이후에 랍비 요시가 말한 취지를 살려 랍비 브레키야Brekhya는 이렇게 말했다.

"거룩하신 분께서 앉으셔서 사다리를 만드신다. 한 사람을 위해서는 사다리를 낮추시고, 한 사람을 위해서는 사다리를 높이신다(시편 75장 7절)."

시편의 말씀대로 어떤 사람은 배우자에게 걸어가고, 어떤 사람은 상대가 나에게 걸어온다. 이삭은 그의 아내가 그에게 걸어 왔다(창세기 24장 63절). 반면에 야곱은 배우자를 찾아 자기가 살던 브엘세바를 떠났다(창세기 28장 10절).

동서고금을 막론하고 결혼은 한 사람의 인생에서 가장 중요한 사건이다. 그런데 막상 현대 사회에서 어떻게 결혼 생활을 해야 하는지에 대한 준비와 공부가 거의 이뤄지지 않고 있다. 결혼을 준비하기보다, 결혼식을 위해 수많은 비용과 시간을 쓰고 있다고 할 수 있다. 이에 비해 탈무드에서는 결혼과 가정 생활에 관한 다양한 에피소드와 토론이 나온다. 탈무드 정도는 아니더라도 최소한 결혼하기 전에 부부가 결혼과 가정의 의미를 제대로 배우고 토론할 수 있는 시간이 현대 사회에 꼭 필요하다고 할 수 있다.

탈무드식 생각훈련

1. 결혼하고 가정을 이루는 궁극적인 목적은 무엇일까?

2. 인류 역사 대부분의 시간 동안 많은 사람은 부모들이 정해준 사람들
   과 결혼했다. 우선 결혼하고 사랑했다고 할 수 있다. 하지만 현대 산
   업 사회에 들어 자유연애가 확산하면서 내가 배우자를 고르게 되고,
   사랑의 감정이 있어야 결혼할 수 있다는 의식과 논리가 많아졌다.
   그러면 여기서 말하는 '사랑'은 어떻게 정의할 수 있을까? '로맨틱
   한 감정의 사랑은 오래가기 힘들고, 섬기고 배려하는 등의 행함으로
   서의 사랑이 있어야 원만한 결혼 생활을 유지할 수 있다'는 주장에
   대해서는 어떻게 생각하는가?

유대인 남편의
아내 사랑 방법

　이웃 사랑은 모든 종교에 있어 중요한 가치 중 하나인데, 탈무드에서는 아내 혹은 남편이야말로 내가 사랑을 실천해야 할 첫 번째 이웃이라고 가르친다. 그리고 이웃 사랑의 기준은 '내'가 아니라 바로 '이웃'이어야 한다. 내 방식대로의 사랑이 아니라, 상대가 원하는 것을 해주는 것이 진정한 사랑이다. 나는 사랑이라고 생각하는데 상대가 사랑받고 있다고 '느끼지' 못한다면 진정한 사랑이라고 할 수 없다.

　이런 이웃 중심과 상대 중심의 사랑에 관한 생각에 더해 유대인들은 좀 더 구체적이고 현실적인 사랑의 방법을 제시한다. 많은 랍비는 아내를 하루에 3번 이상 안아주고, 안아줄 때도 건성으로 안아주지 말고, 아내가 짜릿함을 느낄 정도로 꽉 안아주라고 가르친다. 또 아무래도 남성보다 여성이 성적인 욕구를 표현하기 힘들므로, 아무리 피곤해도 어느 횟수 이상의 성관계를 해야 한다고도 규정한다.

예후다가 정리 한 미쉬나Mishna에는 남편의 직업을 기준으로 일에서 자유로운 사람은 하루에 한 번, 일꾼은 일주일에 두 번, 당나귀 몰이꾼은 일주일에 한 번, 낙타 몰이꾼은 한 달에 한 번, 선원은 여섯 달에 한 번은 최소한 아내와 성관계해야 한다고 규정하고 있다.

유대인이 배우자 사랑을 자연스럽게 실천하고, 혹 부부간의 문제가 있을 때 충분한 대화로 해결할 수 있는 좋은 시간이 바로 안식일이다. 엄마도 아빠도 일을 하지 않고, 가족들과 많은 대화를 나눌 시간이 있으니, 안식일 식탁을 기념하는 자리에서 그동안 서운한 점이 있으면 이야기하고 풀 수 있다.

또 아내의 생리 기간과 이후 일주일 정도의 금욕 기간이 아니면 대부분의 독실한 유대인은 안식일에 아이들을 재우고 난 후 부부 관계를 맺는다. 유대인으로 미국 부통령 후보까지 오른 조 리버만Joe Lieberman 상원의원은 《안식일의 선물》에서 자기 아내 하닷사Hadassah가 이런 유대인의 삶을 다른 미국 정치인의 아내에게 이야기해주었더니 이런 반응이 나왔다고 한다.

"와우, 유대인 아내들은 너무 좋겠네요. 내 남편도 유대인이 되어서 안식일을 잘 지켜주었으면 좋겠네요…"

아내의 기준을 배려하는 방법

이러한 탈무드적인 삶의 원리를 실천해볼 수 있는 방법으로 필자가 주변의 부부에게 권하는 책이 있다. 좀 오래되기는 했지만 부부 상담 전문가이자 관계 심리학자인 존 고트맨John Gottman이 쓴 《행복한 부부 이혼하는 부부》라는 책이다. 존 고트맨은 정통파 유대인 가정에서 자란 대표적인 유대인 심리학자이기도 하다.

이 책에서 고트맨은 행복한 결혼 생활을 위해 7가지 원칙을 지키라고 권한다.

1. (상대의 필요와 관심을 반영하는) 애정 지도를 상세히 그려라.
2. 상대방을 배려하고 존중하는 마음을 길러라.
3. 상대방에게 달아나지 말고 진심으로 대하라.
4. 상대방의 의견을 존중하라.
5. 해결할 수 있는 문제는 두 사람이 해결하라.
6. 둘이 함께 막다른 골목과 같은 상황을 극복하라.
7. 함께 공유할 인생의 의미를 발견하라.

그리고 상대의 마음을 내가 얼마나 상대의 기준으로 이해하고 있는지 상대에 관한 관심의 수준을 알아볼 수 있는 '애정 지도 테스트'의 질문을 던져보라고 한다.

1. 배우자의 친구 이름을 3명 이상 말할 수 있다.
2. 배우자가 현재 무엇 때문에 스트레스를 받고 있는지 말할

수 있다.

3. 최근 배우자의 신경을 곤두세우는 사람들의 이름을 안다.

4. 배우자가 이루고자 하는 꿈을 몇 가지 들 수 있다.

5. 나는 배우자가 가진 종교의 가치와 의미를 잘 알고 있다.

(이외 총 20가지 질문)

그리고 아래와 같은 '배려와 존중의 마음 테스트'도 있다.

1. 남편(아내)의 칭찬할 만한 점 3가지를 바로 말할 수 있다.

2. 떨어져 있으면 보고 싶어진다.

3. 사랑하고 있다고 어떤 형태로든 표현할 수 있다.

4. 자주 남편 또는 아내의 몸을 어루만지거나 키스한다.

5. 남편 또는 아내는 나를 정말로 존경해준다.

(이외 총 20가지 질문)

이러한 질문지는 객관적으로 내가 상대의 기준으로 상대를 인정하고 배려하고 있는지를 돌아볼 수 있게 해준다. 그리고 이런 작업이 어느 정도 된 후에야 진정으로 의미 있는 부부 문제의 해결을 진행할 수 있다.

랍비들의 아내 사랑 지침이나 고트맨의 애정 척도 질문지를 보면 유대인들은 디테일에 강하다는 생각이 든다. 아내를 사랑하고 가족을 사랑하자는 관념적인 생각을 구체적인 행동으로 옮겨볼 수 있는 세부 사항이 있어야 말과 행동을 쉽게 일치시킬 수 있다.

탈무드식 생각훈련

1. '사랑은 ○○이다'라고 한다면, 나는 사랑을 어떻게 정의하는가?

2. 많은 사람이 사랑은 누군가를 좋아하거나 누군가의 매력에 맹목적
   으로 끌리는 감정이라고 생각한다. 하지만 많은 고전이나 심리상담
   서에서 사랑은 상대를 배려하고, 시간을 같이 보내주고, 원하는 것
   을 선물하는 구체적인 행위와 실천이라고 말한다. 스티븐 코비 같은
   전문가는 사랑이 식어서 이혼하려는 사람에게 위와 같은 행위를 실
   천하면 감정이 다시 돌아올 것이라고 상담하기도 한다. 감정이 없는
   가운데서도 사랑의 행위를 실천하면 정말 사랑이라는 감정도 생길
   수 있는 것일까?

아이를 낳고 기르는 것은
가치 있는 일이다

    미국 LA의 정통파 유대인 커뮤니티와 학교를 돌아보는 프로그램에 참여했던 때의 에피소드다. 프로그램에 참석한 한 분이 유대인 여학생들에게 이런 질문을 했다.

"너희들이 앞으로 이루고 싶은 꿈이 뭐니?"

"20살 전후로 결혼해서 아이들을 많이 낳고 잘 기르는 거요."

"아니 그런 것 말고, 너 자신의 자아실현을 위해 다른 계획은 없니?"

"성경 말씀대로 자녀를 많이 낳아 말씀대로 양육하는 것 말고 무슨 계획이 필요하죠?"

같은 교실에서 다른 분은 이런 질문을 했다.

"학교에서 남자 친구는 없니?"

"나중에 크면 부모님이 좋은 배우자를 소개해줄 텐데, 남자 친구가 왜 필요한가요?"

물론 모든 유대인 딸이 이렇게 대답하는 것은 아니다. 하지만 적어도 정통파 유대인 가정에서 자란 대부분의 유대인 여자아이는 삶의 목표나 연애와 관련된 질문에 비슷한 답을 할 것이다. 이와 비슷한 질문을 우리나라나 다른 선진 산업 사회 교실에서 하면 어떤 대답이 나올까?

"의사요, 간호사요, 아나운서요, 선생님이요, 성공한 사업가요!"

이런 대답 가운데, "저는 고등학교 마치고 일찍 시집을 가서, 아이를 많이 낳고, 기르고 행복하게 사는 게 꿈이에요"라고 대답하는 여학생이 있다면 주위에서 어떤 반응을 보일까?

"이런 한심스러운…. 지금이 조선 시대니?"

여기까지 이야기하면서도 필자는 독자들이 과연 지금까지의 내용을 읽고 무슨 생각을 할지 염려가 된다.

"아니, 이분이 지금 무슨 이야기 하려고 하는 거지? 유대인이나 탈무드가 좋다고 하니까, 정통파 유대인 이야기하면서 결국, 여자는 시집가서 아이 낳고 기르는 일을 해야 한다는 시대에 뒤처지는 이야기를 하려고 하는 것 아닌가?"라고 생각하시는 분도 있을 것 같다.

30~40년 전만 해도 우리 사회에서 딸들이 공부하고 대학에 간다고 하면 말도 안 된다는 반응이 나왔다. 그런데 지금은 딸들

이 대학 안 가고 20대 초반에 결혼하고 아이를 낳겠다고 하면 말도 안 되는 시대가 되었다.

하지만 공부를 하겠다는 딸들의 의견이 존중받아야 하는 것처럼, 대학 가고 사회 나와서 돈 벌기보다 젊어서 빨리 결혼하고 아이를 낳고 기르겠다는 딸들의 의견도 존중받을 필요가 있다. 공부하기 싫고, 자본주의 사회에서 공장의 부속품처럼 일하는 것이 싫은 아이에게는 일찍 결혼해서 아이를 낳고, 행복한 가정을 이루는 것도 하나의 훌륭한 삶의 목표가 될 수 있지 않을까?

언제부터인가 우리의 딸들도 다른 많은 나라의 아이들처럼 공부 열심히 해서 좋은 대학에 가고, 좋은 직장을 구하고, 사회생활하는 것을 인생의 목표로 삼게 되었다. 여전히 남녀 차별이 심한 한국 사회에서 강한 의지력으로 일과 가정을 양립하며 성과를 낸 여성들은 '성공한 커리어 우먼'으로 묘사된다. 이에 비해 일찍 결혼해서 애 낳고, 살림하는 여성들은 의지가 박약하고, 꿈이 적은 소시민적인 실패자로 보는 시각이 생기기 시작했다.

유대인 자녀 교육 원리에 동의하며 나름 자기 삶의 목표를 '좋은 배우자 만나, 일찍 결혼하고, 아이 많이 낳아서 행복한 가정을 만드는 것'으로 설정한 대학생 제자가 있었다. 이 제자가 대학 졸업 후 취업했다. 한번은 직장 후배와 커피를 마시는데 "언니는 앞으로 꿈이 뭐예요?"라고 묻기에 위의 대답을 해주었더니, 그 후배가 이렇게 반응했다고 한다.

"그래요! 언니, 저도 언니처럼 점점 꿈이 작아져서 걱정이에요."

일하고 돈 많이 버는 것이 유일한 해결책일까?

우리 사회는 다른 선진국 사회와 마찬가지로 여자도 직장생활을 한다. 또 짧은 출산 육아 휴직이 끝나면 경력 단절 없이 직장으로 돌아와 일하기를 바라는 분위기다. 엄청난 사교육비와 주거비용 때문에 아빠 혼자 벌어서 아이들 키우며 살기는 힘들다고 단정한다. 이런 분위기에서 일보다 가정이 더 중요하니, 엄마들이 가정으로 돌아가고 아이 낳고 기르는 데 삶의 우선순위를 두게 배려하자는 주장은 설 자리가 없어 보인다.

그렇다고 답이 없는 것은 아니다. 관점을 좀 달리하고 삶의 수준을 조금만 내린다면 다양한 해법을 찾을 수 있다. 가령, '인간답게 살고, 아이들 제대로 키우려면 → 돈이 많이 필요하고 → 그래서 더 많이 일해야 한다'라는 고정관념의 고리를 끊으면 된다. 인간답게 살고, 아이를 제대로 키우는 데 반드시 돈이 많아야 할까?

아이가 있는 가정의 가장 큰 지출은 사교육비와 병원비다. 이 부분에서 부부가 좀 더 공부해서 돈 안 들이고 아이의 건강을 지키고, 교육할 수 있는 방법을 찾아볼 수 있다. 또한 삶의 수준을 좀 낮추는 다운쉬프트downshift의 삶을 실천할 수 있다. TV를 없애고, 집 평수도 줄이고, 자동차도 없애고 대중교통을 이용하는 등 삶의 수준을 조정하면 여러 가지 답이 나올 수 있다.

하지만 이미 수십 년을 TV에서 보여주고 광고하는 대로 소비하면서, 삶의 기준이 '다른 사람'이 되어버린 상황에서 이런 사고의 전환은 쉽지 않다. 또한, 행복해지려면 부지런히 일하고 돈 벌고, 자아를 실현해야 한다는 가치관을 주입 받은 부모들에게 가정 중심적인 삶으로 돌아가자는 이야기는 너무 공허하다. 그러니, 이제 자라고 있는 딸들에게만큼은 반드시 TV와 광고에서 보이는 것처럼, 일터에 나가서 일하는 삶만이 성공적인 삶이 아니라는 것을 가르칠 필요가 있다.

젊어서 아이를 키우고
마흔 이후 자기 계발하는 유대인 엄마들

한국에 와 있는 정통파 유대인 랍비인 리츠만씨 가정은 필자와의 만남 당시 자녀가 넷이었다. 그리고 당시 엄마 배 속에 아이가 하나 더 자라고 있었다. 엄마인 리츠만 여사는 20대 초반에 리츠만과 결혼했다. 그리고 20대 후반의 나이에 이미 네 아이의 엄마가 되었다.

리츠만은 큰딸에게 '여성의 가장 큰 사명은 가정을 이루고 아이를 낳아 기르는 것'이라고 가르친다. 대학에 가고 직업을 갖는 것보다 아이를 낳고 기르는 것이 더 큰 가치임을 가르친다. 그리고 실제 엄마가 그런 삶을 보여준다. 많은 정통파 유대인 가정의 엄마들은 자신들이 가장 행복하다고 느끼는 순간이 '안식일 저녁에 온 가족이 모여 엄마를 위한 축복의 노래를 불러주고, 자신이 정성껏 준비한 음식으로 온 가족이 안식일 식탁을 지킬 때'라고 고백한다.

대부분 가정에 TV가 없고, 13살 성인식을 하기 전까지 세속 문화로부터 차단되니, 나는 마돈나 같은 가수가 되겠다거나, 힐러리 클린턴 같은 여성 정치인이 되겠다는 이야기는 잘하지 않는다. 예쁜 배우나 가수처럼 되고 싶다는 이야기도 없고, 나도 다른 아이들처럼 남자 친구 사귀겠다고 하지도 않는다.

이렇게 폐쇄적으로 살면 아이들이 너무 시대에 뒤처지지 않을까 싶지만, 어느 정도 아이가 커서 세상을 접하게 되면 자연스럽게 이 세상의 다양한 삶의 모습을 알게 된다. 이 세상에 엄마처럼 살지 않는 여자들도 많고, 어떤 여자아이들은 일찍 남자 친구도 사귀고, 심지어는 청소년기에 성관계를 갖기도 한다는 것을 알게 된다. 이런 다양한 삶 가운데 자신은 어떤 삶을 살아야 할지 판단해야 할 때가 온다. 그리고 대부분의 정통파 가정의 유대인 딸들은 아빠가 이야기해주고, 엄마가 보여준 삶의 모델을 따르기를 선택한다.

그렇다고 이런 정통파 유대인 가정의 엄마가 자신의 삶을 포기하고, 평생 아이와 가정만을 위해 사는 것은 아니다. 일찍 결혼하는 경우 엄마가 마흔쯤이 되면 아이들은 막내까지 거의 성인식을 하고 자기 앞길은 자기가 찾아갈 나이가 된다. 이때부터 자기 일을 본격적으로 찾아가는 엄마들도 많이 있다. 대학이나 대학원에 가서 공부하기도 하고, 전공을 살려 일하기도 한다.

사실 이렇게 20~30대에는 가정과 아이들에게 집중하고 40대부터 본격적인 자기 계발과 자기 경력을 개척한 한국 엄마들도 많다. 대표적인 여류 소설가 박완서 작가는 40부터 본격적으로 소설을 쓰기 시작했다. 가수 이적의 엄마로 유명한 여성학자 박혜란 박사도 30대는 육아와 교육에 전념하다 아이들이 어느 정도 크고 난 이후부터 대학원에 다시 가서 공부를 시작했다. 6남매를 하버드, 예일에 보내고 미국 주류 사회의 지도자로 키워낸《엘리트보다 사람이 되어라》의 저자인 전혜성 박사도 마찬가지로 6남매의 양육과 대학원 공부를 병행했다.

하지만 이럴 때도 정통파 유대인의 딸이라면, 그들의 인생 목표가 '성공'과 '다른 사람들로부터의 인정'은 아니다. 일이나 자아실현보다 더 큰 삶의 목표는 가정을 이루고 다음 세대에 토라와 유대인의 가치를 전하는 것이다. 그리고 자신의 자아실현과 일은 그 목표를 실현하기 위한 하나의 도구일 뿐이다.

이런 주제를 길게 설명하는 것이 우리도 정통파 유대인과 같은 여성관과 결혼관을 갖자는 의도는 아니다. 다만 공부하고 대학에 가서 직장 생활하는 것만이 삶의 목표가 아니라, 젊어서 아이를 낳고 기르는 것도 또 하나의 선택지가 될 수 있다는 것을 딸들에게 가르쳐주고, 이런 삶도 인정받고 칭찬받을 수 있는 사회가 되었으면 하는 바람이다.

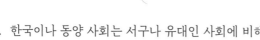

1. 한국이나 동양 사회는 서구나 유대인 사회에 비해 생각이나 삶의 다양성이 부족하고 획일화된 모습이 많이 나타난다. 이렇게 획일화된 삶의 모습이 강요되는 사회에서 자신의 소신과 가치를 지키며 살기 위해서는 어떤 노력이 필요할까?

2. 어떤 경제 전문가는 서구에서 여권 신장이나 남녀평등 의식을 강조하는 것은 남성 노동력에 비해 상대적으로 저렴한 여성 노동력을 가정에서 일터로 끌어내어 인건비를 낮추고 기업 이윤을 높이려고 하는 자본의 음모라고 말한다. 이런 주장에 대해 어떻게 생각하는가?

아이를 있는 그대로 인정해주는 것이 최고의 양육법

유대민족에게 아브라함, 이삭, 야곱은 민족의 조상으로 존경받는 3명의 부족장이다. 탈무드 피르케이 아보트에서 아브라함은 자선의 상징, 이삭을 예배의 상징, 야곱을 토라 공부의 상징으로 보고, 토라 공부와 예배, 자선이 세상을 지탱하는 세 가지 기둥이라고 말한다. 그럼, 이 세 명의 족장 가운데 자녀를 제일 잘 키운 사람은 누구일까?

자녀를 가장 잘 키운 부모는?

아브라함에게는 두 명의 자녀가 있었다. 본처 사라 사망 후에 그두라라는 여인으로부터 다른 자녀를 얻었지만, 아브라함의 장례를 치른 정식 아들은 이집트 여종 하갈을 통해서 낳은 이스마엘이라는 서자庶子와 이삭이라는 적자嫡子였다. 이슬람교에서는 이스마엘을 더 높게 보지만 유대인들은 이삭이 실질적인 상속자이고 아브라함의 뜻을 충실히 따른 유일한 자녀라고 본다.

이삭에게도 두 명의 쌍둥이 아들이 있었다. 형 에서Esau는 부모의 뜻과 달리 가나안 여인들과 결혼하여 이삭과 리브가 부부에게 큰 근심을 가져다주었다. 이후 그의 자손은 유대민족과는 다른 에돔Edom 민족을 이루게 되었다. 둘 가운데 동생 야곱Jacob만이 아브라함과 이삭의 뜻을 계승하는 자녀로 끝까지 남았다.

이렇게 두 아들도 제대로 키우기 힘든데, 야곱에게는 12명의 아들이 있었다. 그것도 네 명의 다른 어머니에게서 난 배다른 형제들이었다. 큰아들 르우벤Reuben은 아버지 야곱의 침상을 옮길 정도로 성급하고 무례했고, 둘째와 셋째 아들 시므온Simoen과 레위Levi는 허락도 없이 세겜Shechem 사람들을 죽일 정도로 난폭했다.

가장 큰 리더십이 있었던 넷째 유다Judah는 형제들의 비난과 질시를 받아 가족들을 떠나 가나안 땅으로 나갔다. 무엇보다 10명의 형들은 11번째 아들이자, 야곱이 가장 아끼던 요셉Joshep을 이집트에 종으로 팔고, 아버지에게는 들짐승에게 잡혀 죽었다고 거짓말을 했다. 그래서 야곱은 사랑하는 아들 요셉을 잃은 슬픔으로 비참한 노년을 보내야 했다.

이런 12명의 개성이 강한 아들들이 자신의 사후에도 흩어짐 없이 조상들의 전통을 지키고, 자신의 신앙을 지키게 하려고 야곱은 많이 고민했다. 그리고 야곱은 이런 목표를 어느 정도 이루었다. 그의 12명의 아들 누구도 야곱이 전한 신앙에서 벗어나지 않고, 이후 이스라엘 열두 부족의 족장이 되었기 때문이다.

자녀들의 개성을 있는 그대로 인정한 야곱

탈무드에서는 야곱이 죽기 전에 아들들을 축복하는 모습을 통해, 각자의 기질과 개성을 인정했던 것이 야곱이 성공적으로 자녀 교육을 할 수 있었던 비결로 본다. 야곱은 자녀들이 가지고 있는 결점마저도 있는 그대로 인정하고 그에 맞는 축복을 내리면서도, 주의해야 할 점을 이야기해주었다.

그 결과 야곱의 열두 아들은 누구도 따로 나가서 다른 민족을 이루거나 가문에서 떠나지 않고 이스라엘의 열두 부족의 조상이 되었다. 그리고 외삼촌에게 속아 두 명의 아내와 결혼하고, 두 아내의 경쟁심으로 인해 두 명의 첩을 더 두어야 했던 파란만장한 삶 속에서도 야곱은 자녀 교육의 마무리를 아름답게 할 수 있었다.

야곱은 인간적으로 보면 단점이 많고 실수를 많이 한 사람이다. 그랬던 그가 열두 명이나 되는 아들을 잘 키울 수 있었던 비결은 아이들이 가지고 있는 개성과 기질을 그대로 인정한 덕이라고 유대인들은 보고 있다. 또, 탈무드에서는 자녀 교육 성공의 가장 큰 포인트를 나의 신념과 가치를 가르치기에 앞서, 각각의 자녀가 가지고 있는 개성과 독특함을 있는 그대로 인정해주는 것이라고 말한다.

이 교훈은 우리에게도 시사하는 바가 크다. 우리나라에는 지나칠 정도로 자녀의 삶과 부모의 삶을 동일시하는 부모가 많다. 아이가 어느 정도 크면 정서적으로나 경제적으로 독립시키고, 하나의 인격체로 자라기를 바라는 많은 선진국 부모와 달리 한국의 부모는 아이들을 위해 너무 많은 것을 희생하고 또 기대한다.

그러는 과정에서 아이들 있는 모습 그대로를 인정하지 못하고, 내 뜻대로 내 계획대로 아이를 이끌어가려고 하는 부모가 많다. 하지만 아이는 내 몸과 삶의 일부가 아닌, 독립된 또 하나의 인격체다. 이 분명한 사실을 인식하고, 아이가 자랄수록 점점 거리를 두며 아이의 독립을 응원하는 것이 가장 이상적인 부모의 역할일 수 있다.

자녀는 하늘이 맡긴 선물

자녀는 부모에게 어떤 존재일까? 그리고 부모와 자녀와의 올바른 관계는 무엇일까? 이 질문에 대해 각 종교나 사상에서는 다양한 답을 제시하고 있다. 불교에서는 윤회를 통해 이전의 영혼이 새로운 가정에 들어와 새로운 생명으로 태어난다고 본다. 이런 세계관에서는 부모의 태교나 교육보다는 좋은 영혼이 우리 가정으로 들어오기를 기도하는 것이 더 중요하다고 할 수 있다.

또 인도 사상에서는 자녀를 낳고 기르는 것을 사회를 유지하고 내가 부모에게 받은 은혜를 갚을 수 있는 하나의 의무로 본다. 이런 의무를 다하면 부모 자녀의 혈연관계나 부부 관계에서 벗어나 숲으로 들어가 수도자의 삶을 살고, 깨달음을 얻으면 다시 사회에 나와 진리를 전하는 것을 가장 이상적인 삶의 여정으로 본다.

자녀는 부모에게 어떤 존재냐는 질문에 대한 탈무드적 답변 중 하나는 '자녀는 하늘이 맡긴 선물'이라는 견해다. 마빈 토케이어 편역 탈무드에 소개되고, 우리나라 많은 탈무드 관련 서적에서 인용되는 랍비 메이르의 이야기는 이런 견해를 보여주는 대표적인 사례다. 아래 예화 원문은 얄쿠트 쉬모니Yalkut Shimoni 잠언편 964장에 수록되어 있다.

어느 안식일 오후 랍비 메이르Rebbi Meir가 학당Beit Midrash에서 공부하고 있을 때, 그의 두 아들이 갑자기 죽었다. 아이들의 어머니인 베루리아Beruriah는 어떻게 했을까? 그녀는 아이들을 침대에 뉘고, 천으로 아이들을 덮었다. 안식일이 끝날 무렵, 메이르는 학당에서 돌아와서 아내에게 물었다.

"두 아이는 어디 있소?"

베루리아가 말했다. "아이들은 학당에 갔습니다."

메이르가 말했다. "내가 학당에서 찾아보았는데, 없던데요."

그녀는 메이르의 질문에 답하지 않고 메이르에게 포도주잔을 주고 메이르는 안식일을 마무리하는 의식Havdalah을 했다. 그리고 다시 메이르가 물었다. "그런데 아이들은 어디 있소?"

"종종 아이들이 다른 집에 가곤 해요, 곧 돌아올 거예요."

베루리아는 남편에게 음식을 주었다. 메이르가 식사한 후, 그녀가 말했다.

"선생님My teacher, 질문이 하나 있습니다."

"물어보세요." 그가 말했다.

"일전에 어떤 사람이 제게 기탁물a deposit 맡기고 갔는데, 지금 와서 그것을 돌려달라고 합니다. 제가 그 기탁물을 돌려주어야 할까요, 말까요?"

메이르가 답했다. "기탁물을 맡은 사람이 원주인에게 물건을 돌려주는 것은 당연한 것 아니오?"

"만약 당신이 이런 견해를 밝히지 않았다면, 저는 그것을 돌려줄 마음이 없었을 것 같아요."

이렇게 말하고, 베루리아는 남편의 손을 잡고, 아이들이 있는 침실로 가서 침대 앞에 남편을 세웠다. 그리고 아이들을 덮고 있던 천을 거두었다. 메이르는 침대에 누워 있는 두 아이가 죽은 것을 보았다.

그리고 메이르는 울부짖기 시작했다.

"나의 아이들, 나의 아이들, 나의 스승들teachers, 나의 스승들…".
그때 아내가 말했다.

"당신이 방금 제게 '우리는 주인에게 우리가 맡은 것을 돌려주어야 한다'라고 말씀해주시지 않았나요?"

랍비 하나나Haninah는 메이르가 이 말에 위로받았다고 해석한다. 편역 탈무드에서는 랍비 메이르의 아내가 '어떤 사람이 보석을 맡겼다가 찾아가려고 오셨다'라고 표현했는데, 원문의 긴 내용을 상징적으로 잘 압축한 것 같다.

우리나라에서도 현명한 부모들은 자식을 자신의 소유가 아닌, 잠깐 나를 찾아온 손님으로 대했다고 말한다. 그래야 자녀에게 온전한 사랑을 주고도 자녀에게 집착하거나 지나친 기대를 하지 않을 수 있다. 자녀를 선물이나 손님으로 보는 것에서 더 나아가 본문에서 메이르는 자기 자녀를 나의 '스승들'이라고 말한다. 때로는 부모가 자녀를 통해 새로운 세상과 더 큰 진리를 배울 수 있기 때문이다. 자녀를 이끌고 가르쳐야 할 대상으로 보지 않고, 자녀를 스승 대하듯 한다면 좀 더 성숙한 부모 자녀 관계를 만들어 갈 수 있을 것이다.

탈무드식 생각훈련

1. 아이가 가지고 있는 아이만의 가치를 인정하지 않거나, 바꾸려고 하는 부모의 근본적인 동기는 무엇일까?

2. 내가 생각하는 '아이를 잘 키운다는 것'의 의미와 평가 기준은 무엇인가?

3. 우리나라의 부모들은 서구 선진국 부모에 비해 자녀들에게 너무 많은 희생을 하고, 많은 것을 기대하는 경향이 있다. 아이를 키우며 적절한 부모 자녀 관계를 유지하고, 자녀가 정서적으로 경제적으로 독립할 수 있도록 돕기 위해서는 어떤 부모관과 자녀관을 가져야 할까?

위대한 인물 뒤에는
가족의 헌신이 있다

　우리나라 최고의 명필가 중 한 사람으로 손꼽히는 한석봉에게
는 그를 강하게 키운 어머니가 있었다. 타지에서 충분히 공부하고
그리운 어머니를 찾아온 한석봉에게 내기를 제안한 것이다. 한석
봉의 어머니는 불을 끈 상태에서 본인은 떡을 썰테니, 아들에게는
글을 쓰라고 했다. 전혀 예상하지 못한 상황에서 한석봉의 글은
엉망이었지만, 어둠 속에서 썬 어머니의 떡은 한 치의 오차 없이
똑같았다. 이에 한석봉은 자기 수련이 부족함을 느끼고 다시 돌아
가 공부를 마친 후 마침내 최고의 명필가가 되었다.

　탈무드 케투봇Ketubot 62b~63a에도 이런 한석봉의 어머니 같은
여인이 나온다. 대신 그 여인은 어머니가 아니라 탈무드 전체에서

도 몇 손가락 안에 드는 최고의 랍비로 추앙받는 랍비 아키바_{Akiva}의 아내였다.

최고의 랍비를 만든 아내

랍비 아키바는 예루살렘의 부자였던 벤 칼바 사부아_{Ben Kalba Savua}의 양을 돌보던 목자였다. 사부아의 딸은 그가 겸손하면서도 지혜로운 것을 보고, "내가 당신과 약혼해주면, 당신은 토라 학당에서 공부하시겠습니까?"라고 물었다. 아키바가 이 제안을 받아들여 둘은 비밀리에 약혼하고, 아키바는 공부하러 떠났다.

사부아는 이 소식을 듣고 노발대발했다. 딸을 집에서 내쫓고, 재산을 한 푼도 물려주지 않겠다고 맹세했다. 아키바는 집을 떠나 12년 동안 토라 학당에서 공부했고, 집에 돌아왔을 때 1만 2,000명의 제자를 거느리게 되었다.

아키바가 집 문 앞에 섰을 때 집안에서 한 노인이 아키바의 아내에게 하는 말을 들었다. "도대체 얼마나 오랫동안 남편 없이 생과부로 살 작정이오?"

그러자 아키바의 아내가 말했다. "아닙니다. 가능하다면 저는 남편이 12년 더 토라 공부를 하고 이후에 집에 돌아왔으면 합니다." 문밖에서 이 말을 듣고, 아키바는 발길을 돌려 다시 토라 학당에서 12년을 더 공부했다. 그리고 다시 돌아왔을 때 그는 2만 4,000

명의 제자를 거느리는 대학자가 되었다. 아내가 남편의 귀환 소식을 듣고 밖에 나와 남편을 맞이하려 할 때 이웃들이 말했다.

"위대한 학자를 맞이하기에는 옷이 너무 남루하니, 이웃에게 좋은 옷을 빌려 입고 나가세요."

그러자 아내가 말했다. "의인은 짐승의 마음을 이해한다(잠언 12장 10절)고 했습니다."

그리고 아키바를 만나자, 얼굴을 땅에 대고 그의 발에 입을 맞췄다. 그녀가 아키바의 아내인 줄 모르는 제자들은 이를 무례한 행위라고 여기고 그녀를 밀쳐 냈다. 그때 아키바가 말했다.

"멈추시게, 나의 모든 토라 지식과 자네들의 배움이 모두 이 여인에게서 나왔다네."

이때 사부아도 위대한 학자가 마을에 왔다는 소문을 듣고 그를 만나고자 했다. 그는 마음속으로 '이 위대한 학자에게 부탁하여 나의 맹세를 무효로 하고 내가 딸을 후원할 수 있게 해달라고 해야겠다'라고 생각했다. 그리고 마을에 온 위대한 학자에게 그간의 사정을 말하고 자기가 24년 전에 한 맹세를 무효로 할 수 있는지 물었다.

자기 장인이 자신을 알아보지 못하는 것을 보고 아키바가 물었다. "당신은 그 아키바가 혹시 공부해서 위대한 학자가 될 수 있다고 생각하고 그런 맹세를 하셨나요?"

"아닙니다. 제가 만약 아키바가 토라의 한 장이나 하나의 계명이라도 제대로 알 것이라고 생각했다면, 그렇게 모질게 그들 부부를 대하지는 않았을 겁니다."

그러자 아키바가 말했다.

"제가 바로 당신의 사위 아키바입니다."

이 말을 듣고 사부아는 얼굴을 땅에 대고, 아키바의 발에 입을 맞추고 말했다. "내 재산의 반을 자네 부부에게 주겠네." 후에 아키바의 딸은 엄마가 했던 것과 똑같은 일을 천한 신분simple man이었던 벤 아자이Ben Azzai에게 했다.

위대한 인물을 만든 가족의 마음가짐과 헌신

이 일화는 한 위대한 인물이 탄생하기 위해서는 많은 사람들의 노력과 헌신이 필요하다는 교훈을 준다. 가족 가운데 자녀나 배우자의 가능성을 보고 적극 후원하거나 자신의 삶을 희생하기까지 하는 사람이 나오기도 한다. 한석봉의 어머니와 아키바의 아내의 공통점은 무엇일까? 자식과 남편을 단순히 나의 소유물이나 나를 위해 헌신하는 사람으로 생각하지 않았다는 점이다. 가족의 혈연관계를 넘어 더 큰 눈으로 자식과 배우자를 보고 자신을 희생하는 결단을 했던 분들이라고 할 수 있다.

우리나라 최초의 천주교 신부이자 1839년 기해박해 때 순교한 김대건 신부의 일생을 다룬 〈탄생〉이라는 영화를 보면, 신부 서품을 받고 돌아온 아들에게 큰절하는 김대건 신부의 어머니의 모습이 나온다. 이 어머니에게 김대건 신부는 더 이상 자식이 아니다. 내가 낳고 길렀지만 더 큰 일을 할 사람이고, 더 많은 사람을 섬겨야 할 귀한 사람이다. 그렇기에 자식이 아닌 성직자로 공인에게 드리는 예를 자식에게 드릴 수 있었다.

한석봉 어머니에게도 한석봉은 글 조금 잘 쓰는 재주꾼이 아니다. 시대를 뛰어넘어 큰 업적을 남길 위인이기에 자신의 사사로운 감정을 뒤로 하고, 아들을 다시 배움의 자리로 돌려보냈다. 아키바의 아내도 마찬가지다. 그에게 아키바는 더 이상 이전의 목자도 남편도 아니다. 남편을 넘어 위대한 학자이기에 그의 발에 입을 맞추며 경의를 표할 수 있었다. 그리고 이렇게 혈연의 연이나 가족의 사사로운 감정을 뛰어넘는 어머니와 아내의 헌신이 있었기에 위대한 인물이 태어날 수 있었다.

한석봉과 아키바의 가족뿐 아니라 우리 역사나 세계사의 큰 인물 뒤에는 큰 희생과 대가를 치른 가족들이 많았다. 그들은 나라와 민족을 위해 부모와 자식을 포기해야 했고, 큰 사명을 위해 고통과 핍박을 견뎌야 했다. 그렇기에 이렇게 큰 인물을 길러낸 가족들에게 우리는 빚진 마음으로 감사해야 한다. 그들의 희생이 있었기에 우리는 좀 더 나은 세상을 경험할 수 있었기 때문이다.

탈무드식 생각훈련

1. 이 예화와 같이 모성애나 남편에 대한 존경과 헌신이 큰 인물을 만들기도 하지만, 때로는 어머니의 맹목적인 사랑이 아이를 망치기도 하고, 남편의 권력욕을 부추겨 더 큰 악을 행하게 하는 맥베스의 아내 같은 사람들이 나오기도 한다. 올바른 사랑과 이런 맹목적인 사랑의 차이는 무엇일까?

2. 위 탈무드 예화 마지막 부분에서는 어머니처럼 아키바의 딸도 신분이 미천한 인재를 알아보고 그를 후원하고 성장시킨 것으로 나온다. 아키바 어머니는 딸을 어떻게 키웠을까? 그리고 이 모녀의 사례에서 우리는 자녀 교육에 대해 어떤 교훈을 얻을 수 있을까?

가정의 평화가
체면보다 중요하다

탈무드를 읽다 보면 계속 반복되는 주제가 몇 가지 있다. 자신의 존재와 삶의 이유를 찾을 수 있는 토라 공부, 자선, 작은 선행이라도 하루에 하나 이상 행하기, 다른 사람의 명예를 실추시키지 않기(험담 하지 않기), 쉽게 화내지 말고 감정을 다스리기 등이다. 그리고 또 하나가 여기서 소개할 가정의 평화다.

예루살렘 탈무드 소타Sotah 1장 4절의 예화다. 랍비 메이어는 티베리우스 근처의 작은 마을인 하맛Chamat의 회당에서 금요일 밤마다 토라를 가르치곤 했는데, 그때 그의 강의를 즐겨 듣던 한 여인이 있었다. 하루는 메이어가 평소보다 길게 강의했고, 여인은 그가 강의를 마칠 때까지 회당에 머물렀다. 여인이 집에 도착했을 때, (안식일) 양초는 이미 다 녹아내렸다.

"어디를 갔던 거요?" 남편이 물었다.

"토라 강의를 듣고 왔습니다." 여인이 답했다.

종교에 냉소적이던 남편이 여인에게 말했다. "당장 가서 토라 강의를 한 랍비 얼굴에 침을 뱉고 오시오. 그때까지 집안에 못 들어올 줄 아시오."

어찌할 바를 몰라, 여인은 집 밖에 머물렀다. 그때 그녀의 이웃들이, "자 함께 랍비님께 가봅시다"라고 말했다. 메이어가 그들이 오는 것을 보았을 때, 신께서는 그에게 어떤 문제가 생겼는지 알게 해주셨다. 이에 그는 즉시 눈을 다친 체했다.

"제 눈에 뭐가 들어간 것 같은데, 누가 제 눈에 침을 좀 뱉어서 고쳐주었으면 좋겠습니다. 혹시 여러분 중 누가 해주실 분이 있을까요?"

여인의 친구들이 여인을 앞으로 밀었다. 그러자 메이어는 "제 눈에 7번 침을 뱉어주세요. 그러면 나을 것 같습니다"라고 말했다. 여인이 말한 대로 하자, 메이어가 그녀에게 말했다.

"집에 가서 남편에게 말하세요. '당신은 나보고 침을 한번 뱉으라고 했지만, 저는 일곱 번이나 뱉었습니다!'"

메이어의 제자들이 깜짝 놀라 물었다.

"선생님, 어떻게 사람들이 선생님을 이렇게 욕보일 수 있습니까? 사람들이 토라 학자를 이렇게 무시한다면, 토라도 무시할 것입니다! 만약에 저희에게 맡기셨다면, 저희는 남편을 설득해서 아내를 집에 들이도록 했을 것입니다."

이에 메이어가 답했다. "나의 영예는 신의 영예보다 크지 않다네. 토라에는 불륜이 의심되는 아내의 결백을 증명하기 위해 신의 이름이 적힌 양피지 두루마리를 빨아 저주의 물을 만들라고 했네(민수기 5장 23절). 남편과 아내의 화평을 위해서라면 신의 이름이 지워지는 것도 감수하신 것이네. 같은 이유로 나도 얼마든지 치욕을 당할 수 있다네."

이 예화에서는 가정의 평화가 위대한 랍비의 체면이나 명예보다 중요하다는 메시지를 전한다. 랍비 메이어는 다른 가정의 평화를 위해 기꺼이 자신이 모욕을 감수하는 모습을 보여주었다. 탈무드 예바못Yevamot 65b에서도 "평화를 위해서는 진리에서 벗어나는 것도 허용된다"라는 구절을 통해 신께서 아브라함과 사라의 부부 싸움을 막기 위해 사라가 한 말을 그대로 아브라함에게 전하지 않는 신중함을 보였다고 말한다. 신께서 일종의 선의善意의 거짓말을 하신 것이다.

이렇게 탈무드에서는 가정의 평화를 위해서는 진리나 진실도 양보할 수 있다는 생각을 보인다. 탈무드 내용을 공부하고 이 가르침에 동의하는 사람이라면 가정의 평화를 위해 자신이 가지고 있는 신념이나 생각을 내려놓는 지혜를 발휘할 수 있을 것이다.

정치 견해 차이로 깨지는 가정의 평화

최근 우리나라 가정 내에서도 서로 다른 정치적인 견해로 인해 가정의 평화가 깨지는 경우가 많은 것 같다. 강력한 두 개의 정당이 서로를 적대시하며 치열하게 권력 투쟁을 하다 보니, 한 가정에서도 부모와 자녀, 부부, 가까운 친척 사이에도 정치적인 견해가 달라 논쟁하고 싸우는 경우가 많아지고 있다. 특히 유튜브를 통해 가짜 뉴스나 한쪽의 일방적인 견해가 세뇌에 가깝게 사람들에게 전해지며 견해가 다른 상대와의 대화가 거의 불가능한 경우가 많다.

이 문제에 대한 현명한 해결책 중 하나는 이 책에서 말하는 탈무드식 깊은 생각훈련을 적용해보는 것이다. 먼저 정치에 대한 정의를 깊이 있게 해볼 필요가 있다. 정치는 크게 누가 정권을 잡느냐를 두고 싸우는 좁은 의미의 정치와 어떻게 이 나라와 사회를 좀 더 나은 곳으로 만들까에 대해 토론하는 넓은 의미의 정치가 있다고 할 수 있다.

그리고 우리나라나 미국처럼 극단적인 양당제가 자리 잡은 곳에서는 좁은 의미의 정치, 즉 누가 대통령이 되고, 어느 정당이 정권을 잡느냐의 권력 투쟁에 관해서는 논쟁하고 싸울 필요가 없다. 한 정당이나 후보를 지지하면 다른 정당이나 후보를 지지하는 사람들을 적으로 만들 수밖에 없기 때문이다.

자신이 생각하는 대로 투표하고 조용히 있으면 된다. 직장이나 종교 단체, SNS와 같은 공개적인 자리에서 나는 누구를 지지하고, 어느 정당을 찍었다고 말할 필요가 없다. 굳이 쓸데없는 분란과 논쟁만 일으키고 관계만 서먹해지거나 악화될 가능성이 크다.

대신 저출생 문제를 어떻게 해결할지, 미래 사회 먹을거리 문제를 어떻게 해결하고 인공 지능 시대를 어떻게 대비할지, 아이들의 스마트폰이나 게임 중독 문제를 어떻게 해결해야 할지, 그리고 사회적 약자와 소수자들을 어떻게 보호할지에 대한 더 큰 정치 이야기에 더 많은 시간과 에너지를 쏟을 필요가 있다.

자녀나 부모가 말도 안 되는 후보나 정당을 지지한다고 생각해 마음이 불편해지고, 이러다가 나라가 망할 것 같은 불안감이 들수 있다. 하지만 이런 경우 그들을 가짜 뉴스에서 구하고 진실을 알린다는 생각으로 싸우고 다투는 것보다, 가정의 평화가 더 중요하다는 마음을 가져보자. 그러면 우리나라의 많은 가정이 좀 더 평화로워질 것이다.

탈무드식 생각훈련

1. 현대 산업 사회에서는 부부 관계나 부모, 자녀 관계가 평화롭지 못한 가정이 많다. 부부나 부모 자녀 사이 평화로운 소통이나 관계 맺기를 방해하는 가장 큰 위협 요소는 무엇일까?

2. 가정의 평화를 깨는 한이 있어도 지킬 만한 더 큰 가치도 있을까? 있다면 어떤 가치가 될 수 있을까?

Talmud

Part 5

2×2 매트릭스 사고와

깊은 생각훈련

흑백논리의 극복 없이
창의적 사고는 없다

피카소의 〈한국에서의 학살Massacre en Corée〉라는 작품이 있다. 피카소가 한국전쟁을 소재로 그린 작품이고, 1937년 그린 〈게르니카 Guernica〉와 함께 전쟁의 폭력성을 나타낸 대표작으로 꼽힌다. 스페인의 프란시스코 고야가 그린 〈1808년 5월 3일The Third of May, 1808〉에서 모티브를 얻은 작품이다. 고야의 그림은 나폴레옹의 스페인 침공을 비판하는 의도에서 그려졌다. 이전의 전쟁 그림이 보통 승리를 찬양하고, 영웅적 무용담을 표현했던 것에 비해 전쟁의 폭력성과 비인간성을 묘사한 혁명적인 작품이었다고 한다.

그러면 여기서 퀴즈 하나, 피카소의 〈한국에서의 학살〉에서 양민들을 학살하는 군인들은 누구일까?

1. 북한 공산군 2. 중국군 3. 국군 4. 미군

많은 분들이 북한군이나 중국군으로 생각하기 쉽지만 정답은 미군이다. 피카소는 황해도 신천에서 미군들이 양민들 학살했다는 소식을 듣고 이 그림을 그렸다고 한다. 미군의 양민 학살은 북한군이 만들어 낸 날조된 사실이라는 주장도 있지만 하여간 피카소의 의도는 미군의 폭력성을 그리려고 한 것이다.

그런데 왜 우리는 북한은 악, 미군은 선이라는 이분법에 갇혀 다른 사고를 하지 못할까? 바로 60년 동안 남북을 지배한 이분법과 흑백논리에 의해 새로운 생각의 여지가 닫혀 있기 때문이다. 이는 남한뿐 아니라, 미 제국주의와 자본주의를 천하의 악으로 규정하는 북한도 마찬가지다.

이에 비해 유대인들은 절대자인 신 이외에 모든 것이 상대적이고 가변적이라고 생각한다. 어떤 문제에서도 하나의 답만 있다고 생각하지 않고, 인간 세계에 있어 절대 악과 절대 선은 없다고 생각한다. 인간은 선할 수도, 악할 수도 있다. 그리고 악한 인간도 잘못을 뉘우치고 선해질 수 있고, 선한 인간도 상황에 따라 악해질 수 있다고 본다.

피카소 그림을 보며 드는 생각은 남이나 북이나 이분법적 사고에 갇힌 한반도의 상황에서 창의성은 물 건너갔다는 점이다. 이전에 비해 이념에 따른 경직된 사고는 많이 완화되었지만, 우리나라에서도 정치, 경제, 사회 문제에 있어 자기 생각을 마음대로 표현하는 것이 자유롭지 않은 분위기가 있다.

이런 상황에서 틀을 벗어나 사고하기 원하는 분들에게 탈무드식 생각훈련이나 아래 소개하는 2×2 매트릭스 사고훈련은 큰 도움이 될 수 있다. 2×2 매트릭스 사고는 중요한 축이 되는 2개 개념을 중심으로 4가지 가능성을 확인해보는 것이다. 가장 대표적인 것이 아래와 같은 시간 관리 매트릭스다. 이 매트릭스는 스티븐 코비의 《성공하는 사람의 7가지 습관》에 나오는 것인데 일의 시급함과 중요함을 기준으로 2×2의 4가지 경우의 수를 보여주고 있다.

구분	시급함	급하지 않음
중요함	급하고 중요한 일 ·긴급 회의 ·마감이 임박한 일	급하지 않지만 중요한 일 ·계획 수립, 학습 ·가치관 비전 수립 ·재충전
덜 중요함	급하지만 덜 중요한 일 ·사소한 일 ·중요하지 않은 메일	급하지도 않고 중요하지 않은 일 ·TV 시청 ·인터넷 서핑 ·시간 낭비되는 일

일반적인 흑백논리에서 벗어나 이렇게 조금만 더 다차원적으로 생각해보면, 의외의 해결책이나 제3의 길을 찾을 수 있다.

피르케이 아보트의
2×2 사고

탈무드에는 위에서 말한 2×2 매트릭스 사고의 예가 많다. 특히 정통파 유대인들이 안식일 때마다 반복해서 읽는 탈무드의 한 부분인 피르케이 아보트에는 많은 매트릭스 사고의 예가 나온다.

소유에 관해 사람들이 가질 수 있는 4가지 인식

앞서 봤던 이 사례도 매트릭스 사고다. 세상에는 4부류의 사람이 있다. 첫째는 "내 것은 네 것이고, 네 것은 내 것이다"라고 말하는 자. 분별력이 없는 바보다. 둘째는 "내 것은 내 것이고, 네 것은 네 것이다"라고 말하는 자. 평범한 사람이나, 죄를 지을 가능성이 있다. 셋째는 "내 것은 당신 것이고, 당신 것은 당신 것이다"라고 말하는 자. 바로 경건한 사람이다. 마지막으로 "내 것은 내 것이고 네 것도 내 것이다"라고 말하는 자. 말할 것도 없이 악한 사람이다 (피르케이 아보트 5장 10절).

내 것은 내 것, 네 것은 네 것	내 것은 네 것, 네 것은 네 것
내 것은 내 것, 네 것도 내 것	내 것은 네 것, 네 것도 내 것

'내 것은 내 것, 네 것도 내 것'이라는 4번째 사고는 자본주의적 탐욕을 가리키는 것으로 볼 수 있다. 처음에는 문제가 없을 수 있지만, 이런 생각을 하는 사람들이 많아질수록 사회는 각박해지고 사회 구성원들은 치열한 경쟁 속에 내몰리게 된다.

이에 비해 '내 것은 네 것, 네 것은 내 것'이라는 생각은 공산주의적 평등 이상을 말하는 것으로 볼 수 있는데, 이상적으로 보이지만 현실적으로는 적용되기 힘들다. 그래서 탈무드에서는 이를 분별력 없는 바보의 생각이라고 평가한다.

네 가지 기질과 네 가지 종류의 학생

세상에는 4가지 기질이 있다. 첫째는 쉽게 화를 내지만, 쉽게 달래지는 사람. 덕이 있다면 자신의 부족함을 가릴 수 있다. 둘째는 화를 잘 내지 않으나, 한번 화가 나면 쉽게 달래지지 않는 사람. 오히려 그의 흠으로 인해 그동안 쌓아온 덕이 무너질 수 있는 사람이다.

셋째는 화를 잘 내지 않지만, 화를 내고도 쉽게 풀리는 사람. 이 사람이 진정으로 경건한 사람이다. 마지막으로 쉽게 화를 내고, 달래기는 굉장히 어려운 사람. 이런 사람이 악인이다(피르케이 아보트 5장 11절).

화를 잘 내고, 잘 풀린다	화를 잘 안 내고, 잘 풀린다
화를 잘 내고, 잘 안 풀린다	화를 잘 안 내고, 잘 안 풀린다

이 부분에서 흥미로운 것은 화를 내지 않았다가도, 크게 화를 내고 수습을 제대로 하지 못하면 이 사건으로 인해 그동안 쌓아온 공덕이 무너질 수 있음에 대한 경고다. 이런 사람은 차라리 평소에 화를 좀 내더라도 쉽게 달래지는 사람에 비해 더 큰 어려움을 겪을 수 있다.

또 세상에는 4종류의 학생이 있다. 첫째는 빨리 배우지만 쉽게 잊어버리는 자. 그의 결점으로 인해 그동안의 공이 쉽게 무너진다. 둘째는 배우는 것은 느리지만, 잘 잊어버리지 않는 자. 그의 덕으로 인해 결점이 가려진다. 셋째는 빨리 배우지만, 잘 잊어버리지 않는 자. 이런 학생이 훌륭한 학생이다. 마지막으로 배우는 게 느리고, 쉽게 잊어버리는 자. 이런 학생은 학생의 자질이 없다고 볼 수 있다(피르케이 아보트 5장 12절).

빨리 배우고, 잘 잊어버린다	느리게 배우고, 잘 잊어버린다
빨리 배우고, 잘 안 잊어버린다	느리게 배우고, 잘 안 잊어버린다

이 이야기에서도 빨리 배우고, 잘 안 잊어버리는 것이 최선이지만, 그럴 수 없다면 느리게 배워도 잘 잊어버리지 않는 것이 차선임을 보여주는 탈무드의 지혜가 엿보인다.

2×2 매트릭스 사고와
제3의 길

　부모님이 많은 약을 오남용하다가 나중에 손을 쓸 수 없는 합병증에 걸려 고통스럽게 돌아가시는 것을 본 아들이 있다. 이 아들은 자신은 절대 부모님들처럼 약을 함부로 쓰지 않겠다고 결심했다. 그러다 어느 날 그는 대중목욕탕에 갔다 무좀에 걸려 한동안 무좀으로 고생했다. 그는 피부과에 가는 대신 민간요법으로 고쳐보기 위해 여러 가지 방법을 써보았다. 소주에 정로환을 풀어 발을 담그면 좋다고 해서 이 방법도 써보았는데, 염증만 더 심해졌다. 몇 달을 고생한 후 피부과에 가서 진단받고, 약을 처방받았는데, 신기하게 며칠 만에 무좀이 없어졌다.

　"아! 내가 현대 의학을 불신하다 미련스럽게 고생했구나, 다음부터는 병이 생기면 키우지 말고 바로 병원에 가야지…"라고 결심했다.

우리는 일상생활에서 이런 극단적인 경우를 많이 본다. 한쪽은 너무 약에 의존해서 약물을 오남용하는 경우가 있고, 한쪽은 너무 약을 불신하여 조기에 치료할 수 있는 질병을 더 키우기도 한다.

그런데 위 사람이 평소 2×2 매트릭스 방식으로 생각하는 훈련이 되어 있었다면 이런 극단적인 선택이 아닌 제3의 길을 찾아볼 수 있다. 이른바 자연 치료라고 하는 것은 증상을 없애거나 덜어주는 대증요법을 넘어 질병이 생긴 원인을 없애거나 고치는 근원치료 원리를 따른다.

그러면 어떤 질병에 걸렸을 때 생활 습관이나 식단을 바꾸고 운동을 하는 근원치료를 하는 것과 안 하는 것, 또 약성과 독성이 함께 있는 약을 쓰는 것과 안 쓰는 것을 매트릭스 사고로 구조화해보면 다음 4가지 경우를 구할 수 있다. 첫째는 근원치료를 하고 약을 안 쓰는 것이다. 둘째는 근원치료를 하고 약을 쓰는 것이다. 셋째는 근원치료를 안 하고 약도 안 쓰는 것이다. 넷째는 근원치료는 안 하고 약을 쓰는 것이다.

가장 나은 방법은 근원치료를 하며, 될 수 있으면 약을 쓰지 않는 것이다. 그리고 최악의 경우는 근원치료도 하지 않고, 약도 쓰지 않으며 병을 키우는 것이다. 차선책은 근원치료를 할 수 없는 경우 우선 약을 써서 증상 악화를 막는 것이다.

위의 경우 본인이 병이 생긴 원인을 분명히 알고 그것을 고칠 수 있도록 생활환경을 바꿀 수 없다면 우선 약의 도움을 받아 증상을 개선하는 게 현명했을 것이다. 그리고 근원치료를 위해 계속 발을 잘 닦고 말려서 무좀균이 생기지 않는 생활환경을 만들도록 노력하면 될 것이다. 이렇게 평소에 조금만 깊이 생각하는 훈련을 해두면 쓸데없는 고생을 많이 줄일 수 있다.

선한 사마리아인의 예화와 2×2 매트릭스 사고

신약 성경 누가복음에 나오는 선한 사마리아인의 비유는 2×2 매트릭스 사고를 통해 이분법적 사고를 극복하고 새로운 대안을 찾을 가능성을 보여주는 좋은 예다.

누가 진정한 우리의 이웃이냐는 율법 학자의 질문에 예수님은 선한 사마리아인이라는 생각지도 못한 대안을 제시한다. 당시 유대인들의 머릿속에는 유대인은 선, 사마리아인은 악이라는 이분법적인 흑백논리밖에 없었다.

아시리아Assyria 제국은 기원전 721년에 북이스라엘을 정복한 후 북이스라엘인들을 다른 곳으로 이주시키고, 다른 민족을 이스라엘 땅에 강제 이주시켜 사마리아인이라는 혼혈 민족을 만들었다. 이후 사마리아인들은 바벨론 포로에서 돌아온 유대인으로부터 혈통적으로도 순수하지 못하고, 종교적으로도 혼합종교를 믿는 집단으로 비난받으며 멸시와 기피의 대상이 되었다. 그래서 당시 예루살렘이 있는 유대인들이 갈릴리 지역으로 갈 때 중간 지대인 사마리아 땅을 지나지 않고, 요단강 쪽으로 돌아가곤 했다.

이렇게 사마리아인들은 나쁜 사람들, 상종할 수 없는 사람들이라는 편견과 선입견이 강했던 시대에 예수님은 새로운 가능성을 매트릭스 사고를 통해 보여주었다. 유대인과 사마리아인, 선한 사람과 악한 사람이라는 두 개의 기준으로 2×2 매트릭스 사고를 하면 '선한 유대인, 악한 유대인, 선한 사마리아인, 악한 사마리아인' 4개의 조합이 나온다.

이 가운데 누가 유대인들의 이웃이 될 수 있을까? 선한 유대인들은 말할 필요 없이 분명한 이웃이다. 또 악한 사마리아인들도 말할 필요 없이 이웃이 될 수 없는 사람들이다. 문제는 악한 유대인과 선한 사마리아인이다. 당시 보통 사람은 행위가 악해도 혈연적으로 유대인이라면 자기의 이웃이라고 생각했다.

하지만 예수님은 혈연보다, 선악의 행위에 가치판단의 우선순위를 두었다. 악한 유대인과 선한 사마리아인 가운데 이웃을 골라야 한다면 선한 사마리아인이 이웃이다. 물론 최선은 선한 유대인이다. 하지만 이런 사람이 없다면 선한 사마리아인이 차선이 되는 셈이다.

이런 원리를 우리나라 상황에 적용해보면 다음과 같은 사고를 할 수 있다. 우리가 원한을 갖고 있는 대표적인 민족은 일본 사람들이다. 그러면 우리는 어떻게 해야 일본인들과 이웃이 될 수 있을까? 방금 본 사마리아인과 같은 방식의 매트릭스 사고를 해보면 답이 쉽게 나온다.

선한 한국인, 악한 한국인, 선한 일본인, 악한 일본인 중 누가 우리의 이웃인가? 일본인들을 싸잡아 모두 악한 사람으로 보지 않고, 그 안에 있는 선한 사람들을 찾고 협력할 수 있다면 우리는 일본 사람과도 친구가 될 수 있다. 이들은 우리나라 안에 있는 악한 사람보다 우리 이웃이 될 가능성이 높은 사람이다. 또 이런 매트릭스 사고는 정치나 사회적으로 극단적인 대립을 하는 상황에서 새로운 답과 협력의 기회를 찾아줄 수 있다.

선한 진보, 악한 진보, 선한 보수, 악한 보수

선한 자본가, 악한 자본가, 선한 노동자, 악한 노동자

이 가운데 각각의 진영이나 노선에서 친구를 찾는다면 누가 될 수 있을까? 또 누구와 새로운 차원에서 협력할 수 있을까? 물론 이런 사고와 실천이 쉬운 것은 아니다. 단순하게 생각하고 극단적으로 행동하는 데는 별다른 노력이 필요하지 않지만, 이렇게 깊이 생각하고 합리적인 해결책을 찾는 데는 대화와 설득이라는 길고 긴 여정과 많은 노력이 필요하다.

해방공간에서 이른바 좌우 합작을 통한 독립 국가 수립을 시도했던 몽양 여운형과 같은 지도자들은 좌와 우 양쪽에서 배신자와 적으로 몰리며 설 자리를 찾지 못했다. 또 당시 동구 유럽과 중국의 공산화, 미국과 소련의 이념적 대립이 격화되는 가운데 이들의 입지는 더욱 좁아지고, 결국 우리나라는 극좌와 극우세력이 득세하며 남과 북으로 나뉘어져 같은 민족이 서로를 죽이는 전쟁을 치

를 수밖에 없었다.

　이렇게 때로는 올바른 생각도 때를 만나지 못하면 열매를 맺지 못할 수 있다. 하지만 올바른 생각은 부끄럽지 않고, 떳떳하다. 비록 당장 결과가 나오지 않더라도 최종 결과는 하늘에 맡기고 우리는 최대한 올바른 생각과 올바른 실천을 해야 한다.

너무공적인사람,
너무이기적인사람

　사람들은 보통 이기적이고 자기중심적이다. 그런데 가끔 역사나 현실 속에서 자기나 자기 가족보다 나라와 민족, 그리고 공동체를 위해 지나치게 희생하고 헌신하는 사람들이 있다. 한번은 우리나라 저출산과 가정 교육 문제에 대해 많이 고민하고 여러 가지 일을 하는 분을 만난 적이 있다. 그런데 너무 아이러니컬하게도 그의 결혼 생활은 평화롭지 못했고, 자기 자녀들도 제대로 돌보지 못하고 있었다. 먼저 자기와 가정을 돌보고 사회나 국가의 일을 해야 하는데, 어떤 사람들은 자기와 가정을 돌보는 게 안 되기 때문에 사회나 국가의 일에 매달리는 사람들도 있다.

　그럼 이런 사람들을 어떻게 바라봐야 할까? 그래도 그의 공익적인 마인드를 높이 사고, 이기적이고 자기와 가족만 챙기는 사람들보다 더 좋게 봐야 할까? 표면적으로는 그런 것 같은데, 2×2 매트릭스 사고를 해보면 좀 더 다른 관점을 가질 수 있다.

우선 이 경우를 아래 4가지로 나누어 생각해보자. 최선은 수신제가(修身齊家)가 된 후 치국평천하(治國平天下)를 하는 것이다. 최악은 수신제가도 안 되고, 치국평천하도 안 되는 것이다. 그런데 차선이 무엇인가에 대해서는 의견이 갈린다. 각자가 갖고 있는 철학이나 세계관에 따라 다른 평가가 나올 것이다.

구분	공익적 마인드가 있음 (치국평천하 ○)	공익적 마인드가 없고, 사익만을 추구함 (치국평천하 ×)
나와 가족에 대한 돌봄이 됨 (수신제가 ○)	· 가장 이상적인 사람 · 리더가 되어야 할 사람 · 가정을 잘 돌보고, 공적인 일도 잘함	· 깡패나 이익집단도 이렇게 함 · 공적 권력을 사유화할 위험성 · 국정 농단 세력이 될 가능성
나와 가족에 대한 돌봄이 안 됨 (수신제가 ×)	· 가족을 돌보지 않고, 나라와 민족, 대의를 위해 희생하는 사람들 · 가족들이 희생함 · 피해 의식만 늘고, 세상에 대한 원망이 생길 수 있음	· 가정과 사회에 피해만 주는 사람들 · 범죄에 연루될 가능성이 큼 · 인정받지 못하고 행복하지 않음

위의 각각의 사례를 역사적인 인물에서 찾아보면 누구를 생각할 수 있을까?

구분	공익적 마인드가 있음 (치국평천하 ○)	공익적 마인드가 없고, 사익만을 추구함 (치국평천하 ×)
나와 가족에 대한 돌봄이 됨 (수신제가 ○)	· 세종대왕, 정약용, 퇴계 이황 선생 가문 등의 명문가 · 자식들도 잘 키우고, 민족과 국가에 크게 이바지한 사람들	· 세조 · 가족은 잘 챙기는 친일파, 민족 반역자
나와 가족에 대한 돌봄이 안 됨 (수신제가 ×)	· 정조 · 가족을 돌보지 않고 독립운동이나 민주화 운동을 했던 사람들	· 권력에 눈이 먼 무신 정권

　피상적으로 생각하면 수신제가를 못해도 치국평천하를 하는 게 더 도움이 될 것 같지만, 개인이나 가정의 입장에서 보면 사익만을 추구하는 수신제가 유형이 더 오래 버티고 잘 살아남는다. 자신과 가족을 돌보지 않고 독립운동을 한 가문이 친일파 가문이나 민족 반역자 가문에 의해 되치기당하고, 그들의 업적마저 역사에서 사라지게 된 것도 이런 이유에서다.

　탈무드적 사고가 필요가 이유는 최선과 최악을 구분하기 위함이 아니다. 이는 깊은 고민 없이도 명확한 경우가 많다. 2사분면과 3사분면 가운데 어떤 것이 차선인지를 분별하고 지혜로운 판단과 행동을 하는 것이 어렵기 때문에 우리는 계속 깊은 생각훈련을 해야 한다.

가벼운 A가 진리라면
무거운 B는 더더욱 진리다:
칼 바호메르 논리

유대 학문 전통에는 칼 바호메르의 논리The Logic of Qal Wahomer라는 추론법이 있다. 칼 바호메르는 '가벼운 것qal과 무거운 것homer'이라는 뜻인데, 가벼운 주제인 A가 진리라면 이보다 무거운 주제인 B는 더더욱 진리라고 논증하는 방식이다. 예를 들어, "얼음 하나만 먹어도 시원한데, 하물며 얼음물로 목욕하면 얼마나 시원할까?"라는 논리다. 이런 논리를 문학적으로 표현할 때 '하물며how much more'라는 수사학적 표현이 많이 나오기 때문에, 최승락 교수는《하물며 진리》라는 제목으로 책을 냈다.

탈무드에서는 칼 바호메르 추론법을 상당히 많이 찾아볼 수 있다. 앞서 소개한 랍비 예후다 하나시의 일화에도 이 논리가 등장한다. 그는 당대를 대표하는 유명한 랍비였다가 말년에 민족을 배반한 엘리샤 벤 아뷰야(아헤르)의 딸이 경제적으로 어려워져 도움을 청하자, 민족 반역자의 집안을 도울 수 없다고 거절했다. 그러자, 하늘에서 불이 내려 자신이 앉았던 의자를 불태웠다. 이에 예후다 하나시는 자신의 인색함을 회개하며 칼 바호메르 논리를 사용한다.

"신께서 아헤르처럼 토라를 무시하고 그 가르침을 폐한 사람도 이렇게 대우하시는데, 토라를 경외하는 사람에게는 어떤 대우를 해주실까(탈무드 하기가 15b)!"

또 "길을 가다 어미가 알이나 새끼를 품고 있는 둥지를 보고, 새끼를 취하려고 한다면 반드시 어미는 놓아주고 어미와 새끼를 같이 취하지 말라. 그러면 네가 잘되고, 장수를 누리리라"라는 신명기 22장 6~7절 내용을 해설하며 랍비들은 "어미를 풀어주는 것과 같은 쉬운 계명을 준수할 때 이런 축복과 장수를 상으로 받을 수 있다면, 이보다 더 힘들고 돈이나 노력이 들어가는 계명을 지키면 얼마나 더 큰 축복을 받을 수 있겠는가?"라는 칼 바호메르식 해석을 한다.

랍비 아키바는 "신을 모르고 그분을 욕보이는 사람들이 그렇게 잘 사는데, 그분께 순종하는 사람들은 훨씬 더 잘 살지 않겠는가(탈무드 마콧 24a-b)?"라며 로마에 의해 멸망한 예루살렘을 두고 슬퍼하는 다른 랍비들을 달래기도 한다.

그리고 탈무드가 본격적으로 편집되기 이전에 활동했던 예수님도 칼 바호메르 논리를 자주 사용했다.

"오늘 있다가 내일 아궁이에 던져지는 들풀도 하나님이 이렇게 입히시거든 하물며 너희일까보냐(마태복음 8장 31절)?"

"너희가 악한 자라도 좋은 것으로 자식에게 줄 줄 알거든 하물며 하늘에 계신 너희 아버지께서 구하는 자에게 좋은 것으로 주지 않겠느냐(마태복음 7장 11절)?"

"(불의한 재판관도 억울한 과부의 반복된 호소를 들어주는데) 하물며 하나님께서 그 밤낮 부르짖는 택하신 자들의 원한을 풀어주지 아니하시겠느냐(누가복음 18장 7절)."

예수님은 이 땅에서 상식적으로 이뤄지는 일들이 영적인 원리에서는 그 이상으로 이뤄진다는 것을 강조할 때 이런 수사적인 표현을 많이 썼다.

또 예수님이 병에 걸린 자기 하인을 고쳐주기를 바란 로마의 백부장도 비슷한 논리로 자신의 부탁을 한다. 예수님이 직접 그의 집에 가서 하인을 고쳐주겠다고 하자, 백부장은 "주님, 제가 주님을 저의 집에 모실 만큼 자격이 되는 사람이 아닙니다. 단지 말씀만 해주시면 제 하인이 나을 것입니다. 저도 남의 수하에 있는 사람이고, 제 밑에 병사들이 있습니다. 제가 병사에게 가라 하면 가고, 오라 하면 옵니다. 그리고 제 하인에게도 이것을 하라고 하면 그대로 합니다"라고 일종의 칼 바호메르 원리를 적용하고 있다.

이렇게 칼 바호메르 추론법은 복잡하거나 어려운 개념을 쉬운 예를 들어 설명하는 탁월한 수사학적 기능이 있다. 그래서 랍비들이 토론에서 자주 쓰는 방법이다.

칼 바호메르 추론의 한계와 논박

이렇게 유용한 칼 바호메르 추론법이지만, 잘못 사용하면 논리 비약이 될 수 있는 한계가 있다. 예를 들어 "100만 원을 투자해서 200만 원을 벌었는데, 하물며 1억 원을 투자했으면 얼마나 많이 벌었겠나?"라는 문장을 보자. 겉으로 보이는 논리 구조는 칼 바호메르 추론인 것 같지만 이 이야기를 들으면 고개가 갸우뚱해진다. 실제 현실에서 작은 투자에서 성공했다고 해서 큰 투자에서 반드시 성공할 수는 없기 때문이다. 작은 투자를 한 상황과 큰돈을 투자하는 상황이 다르면 여러 가지 변수가 생길 수 있다.

또, 지구에서 절대적으로 적용되는 뉴턴의 역학 법칙이 더 큰 우주에서 적용되지 않는다는 논리로도 칼 바호메르 법칙의 한계를 지적할 수 있다. 작은 단위에서 적용되는 법칙이 큰 규모에 가서는 적용이 안 될 수도 있다. 이런 원리로 본다면 물질적인 세계에서 적용되는 원리가 영적이나 초월적인 세계에서 반드시 적용된다고도 볼 수 없다. 그러므로 칼 바호메르의 법칙을 제대로 사용하려면 비교 대상에 같은 원리가 적용될 수 있는 환경인가를 먼저 검토해야 한다.

마지막으로 양을 늘리고 확대하면 부작용이나 역효과가 나타날 수 있다고 칼 바호메르 법칙을 논리적으로 반박할 수 있다. 앞에서 든 예로 "얼음 하나 먹어도 시원한데 하물며 얼음물로 목욕하면 얼마나 시원할까?"라는 논리는 "얼음물로 목욕하면 시원함을 넘어 감기에 걸릴 수도 있다", "너무 차가우면 시원함을 넘어 피부가 마비될 수 있다"라는 식으로 논박할 수 있다. 이른바 한계효용 체감의 법칙도 이런 범주로 볼 수 있다.

"빵 하나만 먹어도 행복한데, 빵 백 개를 먹으면 얼마나 더 행복할까?"

빵의 숫자를 늘리면 어느 정도까지는 포만감이나 행복감이 비례하지만, 그 이상이 되면 효용이 점점 줄어드는 현상이 생긴다. 또 근본적으로 빵을 먹어야 행복한 거냐는 기본 전제를 논박해볼 수 있다. 이렇게 칼 바호메르의 원리와 한계에 대해 잘 알아두면, 다른 사람을 설득할 때나, 다른 사람의 논리를 반박할 때 유용하게 활용할 수 있다.

일상에 탈무드식 열린 질문
적용하기

질문의 중요성에 대해서는 많은 사람이 공감한다. 질문이 잘못되면 제대로 된 답을 찾을 수 없기 때문이다. 박찬욱 감독의 영화 〈올드보이〉에 나오는 명대사가 있다.

"당신의 진짜 실수는 대답을 못 찾은 게 아니야. 자꾸 틀린 질문만 하니까 맞는 대답이 나올 리가 없잖아. '왜 이유진은 오대수를 가뒀을까?'가 아니라, '왜 풀어줬을까?'란 말이야."

주인공 오대수가 자신을 가둔 이유진에게 "왜 나를 15년 동안 가뒀냐?"고 묻자. 이유진이 한 대답이다. 사람은 결국 자기의 시야와 틀 안에서 세상을 본다. 오대수의 입장에서는 내가 갇힌 사실만 눈에 보인다. 내가 무슨 잘못을 해서 나를 15년 동안이나 세상과 단절시켜 두었을까?

하지만 이유진의 입장에서는 위의 대사처럼 가둔 게 아니라 풀어준 게 핵심이다. 이유진은 비싼 비용을 들여 오대수를 15년 동안 가둬둘 필요가 없다. 단순 원한 관계라면 킬러를 고용해 오대수를 죽일 수도 있었다. 그렇지만 그는 원수를 살려두었다. 그리고 15년 뒤에 풀어주었다.

영화를 본 사람은 알겠지만, 이유진의 의도는 자기가 당한 고통을 그대로 오대수에게 주는 것이었다. 그래서 15년의 세월이 필요했다. 오대수는 자기의 시야에서 벗어나 이유진의 시야를 가질 때에 이 모든 상황을 제대로 이해할 수 있었다.

위에서 보듯이 대부분의 잘못된 질문은 잘못된 전제나 고정관념에서 시작된다. 《관점을 디자인하라》의 저자 박용후 대표는 이를 '관점'이라고 말한다. 과거의 관점이나 고정적인 시야에서 벗어나지 못하면 창의적으로 문제를 해결할 수 없다고 말한다.

사업이 망한 기업체 대표가 한강 다리 위에서 자살을 고민한다. "죽어야 하나? 살아야 하나?" 이 질문은 '사업이 망하면 죽어야 한다. 혹은 사업이 망하면 죽을 수도 있다'는 관점 혹은 전제에서 출발한다. 이런 틀 안에 갇혀 있으면 답은 죽든지, 살든지 둘 중 하나다. 하지만 "사업이 망했다고 꼭 죽어야 하나?"라는 질문을 던지면 틀을 벗어나는 수많은 답을 찾을 수 있다. 그리고 그 잘못된 전제나 고정관념을 깨뜨리는 질문이 바로 열린 질문이다.

틀 밖의 사고를 할 수 있게 하는 열린 질문

스탠퍼드 대학 공학 교수인 제임스 아담스James Adams는 연필을 떼지 않고, 아래 9개 점을 이어보게 하는 문제를 냈다. 이후 많은 창의력 테스트에 등장했던 문제인데, 잘 알려진 대로 이 문제를 풀기 위해서는 9개 점 안에서 선을 연결해야 한다는 고정관념을 깨야 한다. 이를 '문제의 재구조화'라고도 하는데, 쉽게 말하면 기존의 전제를 깨야 새로운 답이 보인다는 것이다.

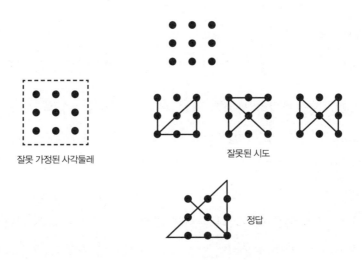

잘못 가정된 사각둘레   잘못된 시도

정답

제임스 아담스의 한붓 그리기 문제

출처: 한광희 외, 《인지과학: 마음, 언어, 기계》, 학지사, 2000.
www.aistudy.com/cognitive/problem_kim.htm의 그림을 재인용했다.

마이어의 두 끈 문제

출처: 한광희 외, 《인지과학: 마음, 언어, 기계》, 학지사, 2000.
www.aistudy.com/cognitive/problem_kim.htm의 그림을 재인용했다.

또 다른 창의력 문제로 많이 제시되는 마이어의 두 끈 문제 Maier's two string problem도 마찬가지다. 서로 닿지 않게 설계된 두 끈을 잇는 방법은 두 끈만으로 이어야 한다는 고정관념에서 벗어나는 것이다. 옆에 있는 의자를 도구로 사용하는 융통성을 발휘해야 한다. 사람은 어떤 대상이나 문제에 대해 한 방향으로 계속 생각하다 보면, 그 방향을 돌이켜 다른 쪽을 보기가 힘들어진다. 이를 학자들은 '기능적 고착'이나 '고착 효과'라고 한다. 엉뚱할 수도 있는 열린 질문을 연습하면 이런 기능적 고착에서 벗어나 좀 더 창의적인 사고를 할 수 있다.

열린 질문이란 무엇인가?

탈무드식 토론에서는 열린 질문을 중시한다. 열린 질문을 통해 깊은 사고와 논리력을 기를 수 있고, 궁극적으로 저자가 말하는 바를 이해하고 본문을 제대로 해석할 수 있다고 본다. 탈무드식 토론에서 말하는 열린 질문은 '예' 또는 '아니오'가 답이 아닌 질문, 하나 이상의 답이 나올 수 있는 질문이다. 한마디로 하면 정답이 없는 질문이다.

예를 들어, "이순신 장군은 한국 사람인가?"에 대한 답은 "예"이고 "한국은 열대 기후인가?"에 대한 답은 "아니오"다. "임진왜란은 언제 일어났는가?"라는 질문의 답은 1592년이다. 모두 닫힌 질문이다.

그런데 "한민족은 단일 민족인가?"라는 질문은 우선 "예", "아니오"라는 찬성과 반대의 두 가지 답이 나올 수 있다. 그리고 이 질문에 답하기 위해서는 "민족이란 무엇인가?"라는 좀 더 근본적인 질문을 해야 한다. 그리고 이 질문에 대해서는 당연히 하나 이상의 답이 존재한다. 그래서 이 두 질문은 열린 질문이라고 할 수 있다.

흔히 우리나라나 동양 문화권에서는 "2+3 = □?"와 같은 하나의 정답만을 찾게 하는 닫힌 질문을 많이 한다. 반면, 유대인 교육과 같은 창의적인 교육에서는 "'□+□=5'에서 □에 들어갈 수 있는 수들은 무엇일까?"를 묻는 열린 질문을 많이 한다고 한다. 이 질문에 대한 답은 '1, 4'나 '2, 3'과 같은 양수뿐만이 아니다. '-1, 6'와 같은 음수의 경우의 수까지 포함하면 수많은 답이 나온다.

그리고 우리가 일상생활이나 인생에서 답해야 하는 질문도 이렇게 대부분 하나의 정답이 없는 열린 질문이다.

"나는 언제 행복한가?"

"누구와 결혼해야 하는가?"

"어떻게 아이를 키우는 것이 제대로 키우는 것인가?"

이런 면에서 어려서부터 열린 질문을 던지고 이에 대한 나름의 답을 찾아가는 훈련을 하는 것은 한 개인의 창의력을 넘어 행복한 인생을 살아갈 수 있는 핵심이라고 할 수 있다.

탈무드식 토론의
이론과 방법

필자는 한동안 탈무드 원전을 텍스트로 하브루타 수업을 하기 원하는 분들과 함께 탈무드 원전 하브루타 수업을 온라인으로 진행했다. 엘리 홀저Elie Holzer 교수의 '열린 질문 만들기', '해석 적용하기'의 방법론을 활용하여 하브루타 파트너와 함께 토론을 진행하고, 필자가 전체 정리를 한 후 질문을 받는 방식이었다.

필자의 다른 서적인 《1% 유대인의 생각훈련》 개정판과 《공부보다 공부그릇》에서 기본 개념과 사례를 소개했었는데, 다음 장에서는 핵심적인 내용과 함께 탈무드식 토론의 필요성, 열린 질문 만들기, 해석 적용, 지지 반박의 중요한 개념을 실전 토론 주제를 가지고 설명하고자 한다.

우리는 왜 토론해야 하는가?

미드라쉬 창세기 라바 8장의 에피소드에는 왜 토론이 필요하고, 토론을 위해서는 어떤 세계관과 가치관을 가져야 하는지에 대한 이야기가 나온다.

신께서 인간을 만드실 때 하늘의 천사들의 의견이 둘로 나누어졌다. 어떤 천사들은 인간을 만들어야 한다고 했고, 어떤 천사들은 인간을 만들면 안 된다고 했다.

선행의 천사가 말했다. "인간을 창조해야 합니다. 그들은 (땅에서) 선행을 행할 것이기 때문입니다." 그러자 진리의 천사가 말했다. "안 됩니다. 그들은 거짓으로 가득 찰 것입니다." 또 공의Righteousness의 천사가 말했다. "인간을 창조해야 합니다. 그들은 땅에서 공의를 세울 것이기 때문입니다. 그러자 평화의 천사가 말했다. "안 됩니다. 그들은 끊임없이 싸울 것이기 때문입니다."

그때 거룩하신 이가 진리를 잡아서 땅으로 던지셨다. 그러자 천사들이 거룩한 분에게 따졌다. "온 우주의 주재자이시어, 왜 하늘의 법정에서 가장 중요한 천사를 내치셨습니까? 진리가 땅에서 다시 일어나게 하소서." 이렇게 천사들이 계속 논쟁할 때, 거룩하신 이가 인간을 만드시고 천사들에게 말씀하셨다. "무엇을 논쟁하고 있느냐, 이미 인간은 만들어졌다!"

유대인들은 창조주가 이 세상을 완벽하게 창조하지 않았고, 미완의 창조를 완성할 책임을 인간에게 맡겼다고 본다. 그리고 그 과정은 토론을 통해서 이루어질 수 있는 것이다.

질문하고 토론할 때 우리는 더 진리를 찾을 수 있다. "왜 이름이 거론된 네 명의 천사 가운데 진리의 천사만이 이 땅으로 내쳐졌을까?", "왜 거룩한 이는 천사들의 논쟁을 다 마무리하지 않고 인간을 만드셨나?"와 같은 열린 질문을 던지며 실제 토론 파트너와 탈무드식 토론을 해보자.

실제 열린 질문 만들어보기

한 이방인이 랍비 샴마이Shammai를 찾아왔다. "내가 한 발로 서 있는 동안 토라 전체의 내용을 나에게 가르칠 수 있다면 나는 유대교로 개종하겠소."

샴마이는 건축용 자ruler를 들고 그를 내쫓았다. 그 자는 일반적으로 쓰이는 측량 도구였고, 샴마이의 직업은 건축가였다.

같은 이방인이 랍비 힐렐Hillel에게 가서 같은 요구를 했다. 힐렐은 그를 개종시켰다. 힐렐은 이방인에게 다음과 같이 말해주었다. "당신이 싫은 것을 다른 사람에게 하지 마십시오. 이것은 토라 전체의 내용입니다. 나머지는 그에 대한 해설이니 가서 공부하십시오."

탈무드 샤밧 31a

아래는 위 텍스트를 기반으로 하브루타 토론 참석자들이 만들어본 실제 질문들이다.

1. 이방인은 왜 개종하기를 원했을까?

2. 이방인은 왜 많은 종교 가운데 유대교를 선택했는가?

3. 샴마이는 왜 이방인을 내쫓았을까?

4. 힐렐과 샴마이의 결정적인 차이는 무엇인가?

5. 샴마이의 이전 직업은 건축가라고 나오는 왜 힐렐의 이전 직업은 언급되지 않았는가?

6. 한 발로 서있는 시간은 짧은 시간인가? '왜 한 발로 서 있다' 라는 표현을 썼을까?

7. 이방인은 힐렐의 한마디로 개종하고 그 이후에도 신앙을 유지했을까?

8. 샴마이는 왜 자를 휘두르며 이방인을 내쫓았는가?

9. 개종한다고 하면 이방인도 다 받아주었는가?

10. 샴마이에게 가르침을 받으려면 어떤 태도로 접근해야 하는가?

그럼, 이 질문 하나하나를 놓고 열린 질문인지를 살펴보자.

1. 이방인은 왜 개종하기를 원했을까?

열린 질문이라고 할 수 있다. 본문에는 이방인의 개종 동기가 분명히 나와 있지 않다. 하지만 개종하기 위한 간절함은 있었던 것 같고, 그래서 샴마이에게 쫓겨난 다음 힐렐에게 찾아갔다.

2. 이방인은 왜 많은 종교 가운데 유대교를 선택했는가?

열린 질문이라고 할 수 있다. 역시 본문에서 유대교를 선택
한 이유가 분명히 나와 있지 않다.

3. 샴마이는 왜 이방인을 내쫓았을까?

반쯤 열린 질문이라고 할 수 있다. 이방인이 무례했기 때문
이라고 하나의 답을 말할 수 있다.

4. 힐렐과 샴마이의 결정적인 차이는 무엇인가?

반쯤 열린 질문이라고 할 수 있다. 힐렐은 무례한 사람에게
도 인내하고 인격적으로 대했고, 샴마이는 무례한 사람에
게 역시 무례한 방법으로 대응했다는 답을 할 수 있다.

5. 샴마이의 이전 직업은 건축가라고 나오는데 왜 힐렐의 이전
직업은 언급되지 않았는가?

날카로운 관찰을 바탕으로 한 좋은 열린 질문이라고 할 수
있다. 여기서 샴마이의 이전 직업을 언급한 저자의 의도를
읽을 수 있고, 많은 추론과 창의적인 답변이 가능하다. 이
런 답변을 통해 저자가 말하고자 하는 메시지를 제대로 파
악할 수 있다.

6. 한 발로 서 있는 시간은 짧은 시간인가? '왜 한 발로 서 있
다'라는 표현을 썼을까?

반쯤 열린 질문이다. "한 발로 서 있는 시간은 짧은 시간이
기 때문이다"라는 단편적인 대답을 할 수 있다. 하지만 짧

은 시간을 나타낼 수 있는 다른 표현이 아닌 다리로 선다는 표현을 통해 전달하려고 하는 상징적인 의미를 추론해볼 수 있기에 열린 질문이 될 수도 있다.

7. 이방인은 힐렐의 한 마디로 개종하고 그 이후에도 신앙을 유지했을까?

열린 질문이다. 이방인이 개종했지만, 그 이후 힐렐이 말한 대로 정말 열심히 토라를 공부했는지 안 했는지는 알 수 있는 바가 없다.

8. 샴마이는 왜 자를 휘두르며 이방인을 내가 쫓았는가?

"얼핏 보면 그냥 옆에 자가 있어서", 혹은 "전직 건축가여서 자를 항상 옆에 두는 습관이 있어서"라는 일차원적인 답을 하고 닫힌 질문이라고 판단할 수 있다. 하지만 "왜 저자가 그 많은 도구 중에 자를 선택하고, 샴마이가 전직 건축가였다는 것을 알리려고 했을까?"라는 연관 질문을 해보면 지문의 전체적인 의도를 파악하는데 열쇠가 되는 아주 중요한 열린 질문이라는 것을 알 수 있다.

9. 개종한다고 하면 이방인도 다 받아주었는가?

열린 질문이라고 보기 힘들다. 샴마이처럼 받아주지 않는 사람이 있었다.

10. 샴마이에게 가르침을 받으려면 어떤 태도로 접근해야 하는가?

열린 질문이다. 무례한 이방인은 거부했는데, 예의를 갖춰

배움을 청했을 때, 샴마이가 받아줄 것으로 볼 수 있는 근거 구절이 부족하다. 많은 추론에 기초한 다양한 답이 나올 수 있다.

이런 식으로 초기 토론에서는 각자의 질문이 열린 질문인지, 아닌지를 살펴보고 좀 더 열린 질문을 할 수 있도록 훈련할 필요가 있다.

Part 6

탈무드 원전 하브루타에
도전해보기

하브루타
토론 과정

지금부터의 내용은 독자들이 독서 모임이나 가정에서 탈무드 원전을 가지고 실제 탈무드식 토론(하브루타)을 해볼 수 있도록 매뉴얼을 정리한 것이다. 하브루타 관련 강의를 하면 왜 실전 하브루타는 하지 않고, 강의식으로 이론만 설명하느냐는 의견이 많았다. 그래서 탈무드식 토론을 먼저 해보고, 탈무드식 토론에서 핵심적인 내용을 설명하는 식으로 내용을 구성했다.

하브루타 토론 짝과 본문을 놓고 이제부터 소개하는 방법에 따라 같이 학습하고, 토론해보자. 첫 번째로 넘어야 할 산은 열린 질문이다. 본문의 내용을 더 깊이 이해하기 위해 여러 가지 답이 나올 수 있는 열린 질문을 3개 이상 만드는 것이 중요하다.

• 1단계 본문 이해하기

1. 본문을 큰 소리로 2~3번 정도 읽는다.

2. 본문의 내용을 덮고, 자기만의 언어로 읽은 내용을 요약하여 상대에게 설명한다.

3. 다시 본문으로 돌아가 본문의 내용을 단락 구분하고, 각 단락의 이름을 붙여본다.

4. 열린 질문을 하며 본문에 대해 더 깊이 이해한다.

• 2단계 해석하고 적용하기

토론 짝과 함께 위의 과정을 거쳐 자신의 해석을 완성하고, 자기 삶에서 적용점을 찾는다. 이 과정에서 엘리 홀저 교수는 다음과 같은 형식으로 해석과 적용을 해보라고 한다.

1. 이 이야기는 독자에게 ○○라고 말하는 것 같다(저자의 의도와 메시지 파악).

2. 이러한 해석을 뒷받침하는 본문의 근거는 ○○이다(본문 근거 찾기).

3. 그래서 이 이야기는 나에게 ○○을 생각하게 한다(자신의 삶에 적용).

예를 들어 엘리 홀저 교수 강의안을 참조한 아래의 탈무드 예화(타아닛 9b)를 가지고 위의 과정을 따라갈 수 있다.

① 랍비 쉬미Shimi는 랍비 파파Papa의 수업에 참석하곤 했다.

② 쉬미는 파파에게 많은 어려운 질문을 던졌다.

③ 랍비 쉬미가 하루는 학교가 아닌 곳에서 랍비 파파가 얼굴을 땅에 대고 심각하게 기도하는 모습을 보았다. 뭐라고 기도하나 들어보니, "내가 쉬미에게 부끄러움을 당하지 않게 하소서"라고 말하고 있었다.

④ 그래서 쉬미는 교실에서 침묵하기로 맹세하고 더 이상 파파에게 질문하지 않았다.

이 예화를 보고 학생들은 엘리 홀저 교수의 토론 형식에 기초해서 다음의 해석과 적용을 끌어낼 수 있다.

• 해석1

1. 이 이야기는 독자에게 '배우는 학생의 올바른 태도'에 대해서 이야기하는 것 같다.

2. 이러한 해석을 뒷받침하는 본문의 증거는 ③이다. 본문에서 선생님인 파파는 쉬미의 어려운 질문 때문에 부끄러웠던 적이 많았다. 그리고 ④에서 보듯 선생님의 기도를 듣고, 제자인 쉬미도 그에게 질문을 하지 않았다. 수업을 방해하거나 선생님의 마음을 언짢게 할 정도의 지나친 질문은 결국 선생님이나 학생 모두에게 피해를 줄 수 있다.

3. 그래서 이 이야기는 나로 하여금 교실에서 수업을 들을 때,

선생님께 예의 바른 질문을 하고 선생님이 곤란할 질문은 공공장소에 하는 것이 아니라, 개인적으로 따로 물어봐야 한다는 것을 생각하게 했다.

● 해석2

1. 이 이야기는 독자에게 '학생들의 질문을 대하는 교사의 올바른 태도'에 대해서 이야기하는 것 같다.

2. 이러한 해석을 뒷받침하는 본문의 증거는 ④다. 여기서 쉬미는 선생님이 자신의 어려운 질문에 부끄러움을 느끼고 힘들어함을 알고, 더 이상 질문하지 않기로 맹세했다. 이 모습에서 쉬미는 상당히 예의 바르고, 선생님을 배려하는 학생임을 알 수 있다. 본문 어디에도 쉬미가 무례한 학생이라는 내용이 없다. 쉬미는 순수한 호기심에서 많은 질문을 했을 수 있다. 그리고 혹시 질문이 너무 많아서 수업에 방해가 될 정도라는 것을 선생님이 솔직히 이야기했더라면 질문의 양이나 난도를 줄였을 수 있다. 이에 비해 파파의 태도는 여러 가지로 선생님으로서 부적절한 모습을 보여준다. 먼저 이러한 어려움이 있을 때 학생을 불러 이야기하는 대신, ③에서처럼 개인적인 기도로 해결하려고 했다. 그의 기도는 결국 학생의 침묵과 질문을 하지 않음(④)으로 이어졌다.

3. 그래서 이 이야기는 나로 하여금 교사는 수업에서 예상하

지 못한 문제가 발생했을 때 개인적으로 고민만 하지 말고, 학생과 솔직히 대화하고 바람직한 대안을 제시하여, 학생이 지속적으로 배울 수 있는 환경을 만들어주어야 한다는 것을 생각하게 했다.

이렇게 각자의 해석과 근거 구절에 대해서 서로 지지하거나 반박하면서 좀 더 나은 해석과 적용을 끌어내고, 그 과정에서 자신의 논리적 사고 능력을 기르는 것이 탈무드식 토론의 핵심이다.

전체를 포괄하는
최선의 해석을 찾아라

본서에서 말하는 탈무드식 토론의 목적은 주어진 지문을 최대한 선입견 없이 보며 저자의 의도를 제대로 파악해 좋은 해석을 끌어내는 훈련을 하는 것이다. 좋은 해석은 저자가 기술한 스토리의 소재나 내용이 왜 들어갔는지를 잘 설명해줄 수 있다.

반대로 저자의 의도를 제대로 파악하지 않은 '부분적인 해석'은 지문에서 어떤 부분이 왜 들어갔는지를 제대로 설명할 수 없다. 그럼 "굳이 들어가지 않아도 되는 부분인데 저자는 왜 지면 아깝게 쓸데없는 내용을 넣었을까?"라는 상대편의 문제 제기가 생긴다. 그리고 이런 질문에 답을 하는 과정에서 내가 처음 만든 해석을 수정 보완해가면서 깊은 사고를 할 수 있게 된다.

저자의 의도를 읽어내는 해석

①아버지에게 살지고, 기름진 닭고기를 대접하고도 지옥gehinnom에 떨어진 사람들이 있다. 반면에 자기 아버지에게 힘들게 곡식을 갈게 하고도 천국gan eden에 이른 사람들이 있다. 어떻게 아버지에게 살지고, 기름진 닭고기를 대접하고도 지옥에 갈 수 있을까?

②한 사람이 자기 아버지에게 살지고, 기름진 닭고기를 대접했다. 하루는 아버지가 물었다. "아들아, 어디서 이 고기가 낫느냐?" 그러자 그가 말했다. "노인네, 그냥 개처럼 드시고 조용히 하시오." 이 사람이 자기 아버지를 잘 먹이고도 지옥에 간 사람이다.

③그럼 어떻게 어떤 사람은 자기 아버지에게 힘든 일을 시키고 천국에 갔을까? 한 제분 업자가 있었다. 왕이 명령을 내려 나이 든 아버지가 와서 노예로 왕을 섬기라고 했다. 그가 말했다. "아버지, 제 일터에 오셔서 저 대신 곡식을 가는 일을 해주세요. 그동안 제가 왕에게 가겠습니다. 만약 왕이 시키는 일이 수치스러운 것이면, 아버지가 아닌 제가 그 수치를 감당하겠습니다. 만약 일하다가 매를 맞으면, 아버지가 아닌 제가 그 매를 맞겠습니다." 이 사람이 아버지에게 곡식을 가는 힘든 일을 시키고도 천국에 간 사람이다.

탈무드 키두신 31a

보통 '진정한 효도'를 주제로 하는 이 지문을 공부하며 나오는 열린 질문은 다음과 같다.

(1) 아버지는 왜 조용히 닭고기를 먹지 않고, 어디서 난 것인지 물었을까?

(2) 아들은 어떻게 닭고기를 얻었을까? 정당한 방법으로 얻었을까?

(3) 아들은 평소에도 아버지에게 닭고기를 대접하였는가? 오늘이 어떤 특별한 날이었는가?

(4) 왕이 젊은 아들 대신 나이 든 아버지를 노예로 부른 이유는 무엇인가?

(5) 자기 대신 아들이 왕에게 끌려가 수치를 당하고 매를 맞는다는 것을 알았을 때 아버지의 마음은 편했을까? 만약 마음이 불편했다면 천국에 갈 만한 효도라고 할 수 있을까?

(6) 제분업자는 가난했나? 다른 사람을 고용하여, 자기는 왕의 부름을 받고 아버지에게는 힘든 일을 시키지 않을 수 없었을까?

그리고 보통의 해석은 다음과 같은 내용이다.

(7) "이 이야기는 물질적인 봉양보다 부모의 마음을 헤아리는 것이 진정한 효도임을 말하는 것 같다."

(8) "이 이야기는 눈으로 보이는 것이나 결과보다 눈으로 보이지 않는 마음이나 동기가 중요하다는 것을 말하는 것 같다."

그런데 이런 해석에만 멈춘다면 문제가 되는 부분이 있다. 진정한 효도나 보이지 않는 가치가 중요하다고 이야기하면서 왜 저자는 천국과 지옥을 언급한 것일까? 주어진 지문에서 지옥이라는 단어는 세 번, 천국이라는 단어도 세 번 언급되었다. (7), (8) 정도의 해석이라면 아래와 같은 천국과 지옥을 언급하지 않는 우리나라의 효에 관한 전승으로도 충분하다.

이웃 마을 부자가 효자라는 가난한 농부의 소문을 듣고 궁금해 부모에게 어떻게 하는지 보기 위해 왔다. 해가 저물어 아들이 집에 들어오자, 어머니가 세숫대야에 물을 떠서 아들의 발을 씻겨주고 어깨를 주물러주었다. 이 모습을 보고 놀란 부자는 노모에게 이런 일을 시키면서 네가 효자냐고 따져 물었다. 그러자 농부는 "나는 효가 무엇인지 알지 못하나, 노모가 이렇게 하시면 기뻐하시고, 사양하면 우울해하시니 나는 어머니가 기뻐하시는 일을 하게 해드릴 뿐입니다"라고 말했다. 이웃 마을 부자는 이 말을 듣고 큰 깨달음을 얻고 돌아갔다.

결국 위의 탈무드 에피소드가 비슷한 취지의 우리나라 전승과 다른 이야기가 되려면 '천국'과 '지옥'과 효가 어떤 연관성이 있는지에 대한 설명이 포함된 해석을 제시해야 한다. 이 문제에 대한 답을 얻기 위해서는 다음과 같은 열린 질문이 필요하다.

(9) 왜 진정한 효도를 다루는 주제에서 천국과 지옥이라는 사후 세계에 관한 이야기가 나오는 것일까?

(10) 왜 이 글의 저자는 효도에 대한 보상을 이 땅의 것만으로

한정하지 않았는가?

이런 질문을 던지고 토론 파트너와 지지하고, 반박하는 토론을 해보면 아래와 같은 해석을 끌어낼 수 있다.

(11) 이 이야기는 이 땅에서의 올바른 판단이나 판결에는 한계가 있고, 사후 세계나 우주적 차원에서의 심판이 잘못된 판단과 불의한 판결을 시정할 수 있다는 것을 말하는 것 같다. 또, 이 땅에서는 겉으로 보기에 좋은 것은 칭찬받고, 나쁜 것은 비난받을 가능성이 있지만, 하늘의 법정에서는 어떤 의도와 태도로 행했는가에 따라 최종 판결이 이뤄지며 이 땅의 판결과 하늘의 판결이 뒤바뀔 수 있음을 말하는 것 같다.

지옥에 간 아들은 남들 보기에는 효도처럼 보이는 물질적 봉양을 했지만, 진정으로 효도하려는 마음 없이 아버지의 질문에 공손히 대답하지 않고 무례한 태도를 보이다가 지옥에 가게 되었다(근거②). 이에 비해 겉으로 보기에 아버지에게 고생시킨 것 같은 아들은 아버지의 수치와 고역을 대신하려는 선한 의도와 효도를 하려는 진실한 마음이 평가받아 천국에 가게 되었다(근거③). 이렇게 이 땅에서는 인간의 한계로 인해 올바른 판단이 내려지지 못하는 것이 하늘의 법정에서는 온전히 판단될 수 있음을 말하는 것 같다. 또, 더 나아가 이런 하늘의 판단을 믿고 불의와 불공평이 만연한 현실 속에서도 좀 더 자기가 할 수 있는 일에 집중해서 살아야

함을 말하는 것 같다.

즉, 단순히 이야기의 주제를 '효도'에 국한하지 않고 '정의', 특히 우주적 '정의'라고 확대하면 전체 이야기를 포괄하는 해석을 끌어낼 수 있고, 스토리를 주어진 텍스트와 같이 구성한 저자의 의도를 제대로 읽은 것이라고 할 수 있다. 탈무드식 토론에서는 이런 방식으로 저자의 원래 의도를 충실히 파악하기 위해 열린 질문을 던지고 전체를 포괄하는 해석을 찾아가며 내 사고의 확장과 인격의 성숙을 이룰 수 있게 된다.

상대의 해석에 대해
열린 질문으로 반박해보기

    자기 생각을 정리해서 본문에 대한 해석을 완성한 후에는 토론 파트너와 함께 해석 부분에 대해 집중적인 토론을 시작한다. 이때 사용되는 두 가지 방법론이 '지지하기support'와 '반박하기refute'다.

    아래의 탈무드 본문은 탈무드식 토론에 있어서 지지뿐 아니라 반박하기가 얼마나 중요한지를 알려주는 내용으로 자주 인용되는 부분이다. 라키쉬는 요하난과 토론을 할 때 24개의 반대 의견을 말했고, 요하난은 그 반대 의견에 답변하기 위해 공부하며 해당 주제에 대해 제대로 이해할 수 있었다고 말한다.

①레쉬 라키쉬Resh Lakish는 원래 강도단의 두목이었다. 어느 날 요단 강에서 예쁜 여자가 수영하고 있는 줄 알고 물에 뛰어들어보니, 수영하는 사람은 (여자가 아니고) 유명한 랍비 요하난Yochanan이었다.

요하난은 이렇게 말했다. "아니 젊은 사람이 혈기를 쓸데없는 데 써서 되겠소, 마땅히 힘을 내어 토라를 공부해야 할 것이오. 만약에 당신이 회개하고 토라를 공부하겠다면 내 아름다운 여동생을 당신에게 시집보내겠소."

이 말을 듣고 라키쉬는 요하난의 제자가 되어 그에게 토라를 배우고, 이후 요하난의 동생과 결혼했다. 라키쉬는 토라를 열정적으로 공부했고, 얼마 되지 않아 탈무드 학교에서 요하난 못지않은 랍비로 존경받게 되었다.

어느 날 두 사람은 탈무드의 한 부분을 토론했는데, 의견이 갈렸다. 탈무드는 시체를 만지거나 해서 의례적ceremonially으로 부정하게 된 사람이 만진 물건도 부정하게 된다고 말한다. 이날의 쟁점은 '그 물건이 언제부터 부정해지느냐?'였다. 탈무드는 칼과 같이 여러 공정을 거쳐 완성품이 되는 경우 철이나 부품 단계일 때는 부정하지 않고, 완전한 칼이 되었을 때부터 부정함의 대상이 된다고 보았다.

요하난은 칼과 같은 물건은 화로에서 달궈진 이후 단순한 철이 아니라 칼이 되는 것이므로, 화로에 들어가는 순간 완성품으로 보아야 한다고 했다. 라키쉬는 화로까지는 부품의 상태로 보아야 하고, 화로에서 꺼내서 물에 담근 후 단조를 할 때부터 완성품으로 보아야 한다고 했다.

②서로 치열한 토론을 벌인 후 논리에서 밀리게 된 요하난이 라키쉬에게 "그래 칼은 강도였던 놈이 더 잘 알 수 있겠지…"라고 말했다. 이에 라키쉬가 서운해하며 말했다. "아니 무슨 말씀입니까? 제 과거가 어쨌든 지금 여기서는 많은 사람이 저를 훌륭한 학자로 인정하고 있습니다."

③그러자 요하난은 "그래, 바로 내가 자네를 신 앞으로 인도하지 않았는가?"라고 응수했다.

④이 일로 요하난은 마음이 상했고, 라키쉬도 이후 심각한 우울증을 겪게 되었다.

⑤라키쉬의 병이 점점 심해지자, 라키쉬와 결혼한 요하난의 여동생이 오빠를 찾아와 사정했다. "오빠, 이러다 우리 남편 죽으면 어떻게 해요? 저와 우리 아이들을 위해서라도 라키쉬를 용서하고 화해해주세요." 그러자 요하난은 오히려 "걱정하지 마라! 무슨 일 있으면 너와 조카들은 내가 돌봐주겠다"라고 말했다.

⑥마침내 라키쉬는 병이 깊어져 죽고 말았다. 그때야 요하난은 그의 죽음을 크게 슬퍼했다.

⑦다른 랍비들은 요하난이 라키쉬의 죽음에 너무 상심하여 있는 것을 보고, 탈무드 학교에 있는 훌륭한 학자 중 한 사람인 랍비 엘라자르Elazar를 요하난의 토론 파트너로 보내주기로 했다. 그는 학식이 깊고 글을 잘 써서 충분히 라키쉬를 대신 할 것으로 기대되었다.

랍비 엘라자르가 랍비 요하난 앞에 앉았다. 요하난이 이야기가 끝나면 엘라자르는 이렇게 말했다. "선생님의 의견을 지지해주는 근거

자료는 ○○에도 있습니다.”

⑧그러자 요하난이 이렇게 말했다. “자네가 라키쉬를 대신할 수 있다고 생각하는가? 내가 무슨 의견을 내면 라키쉬는 내가 한 말에 대해 24개의 반대 의견을 말했고, 나는 그에게 24개의 답변을 하곤 했네. 그렇게 치열하게 토론한 후에야 한 주제에 대해 제대로 이해할 수 있었다네. 그런데 지금 자네가 하는 말이라고는 ‘선생님의 말씀이 맞고, 그 근거 구절로는 ○○가 더 있습니다’가 아닌가? 자네는 내가 그 근거 구절이 어디 있는지 몰라서 이런 말을 한다고 생각하는가?”

⑨랍비 요하난은 옷을 찢으며 말했다. “라키쉬여! 라키쉬여! 자네는 어디에 있는가?” 그리고 그는 그렇게 며칠을 울다가 정신이 이상해졌다.

⑩이 소식을 듣고 랍비들은 그를 위해 하늘의 자비를 구했고, 결국 요하난도 죽고 말았다.

탈무드 바바 메지아 84a-84b

이 에피소드는 한국 독자들을 위해 바빌로니안 탈무드 바바 메지아Bava Metzia 84a~b의 내용을 요약 각색한 것이고, 본문을 활용한 토론 아이디어는 엘리 홀저 교수 세미나에서 얻은 것이다. 우선 이 본문을 바탕으로 아래와 같은 열린 질문과 해석을 해볼 수 있다.

(1) 요하난은 라키쉬가 어느 정도 성장할 수 있으리라고 생각했을까?
(2) 요하난은 왜 스승으로서 먼저 화해의 손을 내밀지 못했을까?

(3) 엘라자르는 왜 요하난의 의견을 지지만 하고 반박하지 못했을까?

(4) 라키쉬는 요하난의 어떤 모습에 큰 상처를 받았는가?

(5) 라키쉬처럼 금방 학문의 경지에 오르는 것이 가능한가? 그가 급성장할 수 있었던 동력은 무엇이었을까?

(6) 요하난은 라키쉬와의 관계를 어떻게 생각했을까? 스승과 제자 혹은 자신의 경쟁자?

(7) 요하난이 탈무드식 토론을 한 목적은 무엇이었을까?

그리고 아래와 같이 해석을 정리해볼 수 있다.

(1) 이 이야기는 탈무드식 토론을 하는 데 있어서 질문이 중요하다는 것을 말하는 것 같다(근거 ⑧). 요하난은 라키쉬가 자신의 주장에 대해 24개의 반대 질문을 해서 자기도 더 잘 배울 수 있었다고 말한다. 질문을 미리 잘 만들어야 효과적인 토론이 될 수 있음을 보여주는 것 같다.

(2) 이 이야기는 탈무드식 토론에 있어 지지보다 반박이 중요하다는 것을 말하는 것 같다(근거 ⑧). 요하난은 지지만 하는 엘라자르와의 토론에서는 배우는 게 없었고, 반박을 많이 했던 라키쉬와의 토론에서는 많은 것을 배울 수 있었다.

(3) 이 이야기는 '반대 의견을 낼 때는 상대에 대한 존중과 배려의 마음이 필요하다'는 것을 말하는 것 같다(근거 ②). 요하난의 인신공격으로 라키쉬는 상처를 받았고, 결국 둘은 화

해하지 못한 채 죽음을 맞이했다.

(4) 이 이야기는 '믿고 신뢰하는 사람을 공격하여 소중한 사람을 잃지 말라'는 교훈을 말하는 것 같다(근거 ⑨). 라키쉬를 공격했던 요하난도 결국 라키쉬가 그리워 죽고 말았다.

(5) 이 이야기는 평소 내 곁에 있는 사람의 소중함을 알아야 한다는 것을 말하는 것 같다(근거 ⑧). 요하난은 라키쉬를 잃고 난 이후에야 라키쉬의 소중함을 깨달았다.

(6) 이 이야기는 하브루타 파트너를 자기 발전의 도구로 삼아서는 안 되고, 서로 인격의 완성을 위한 도움을 주는 상대이어야 한다는 것을 말하는 것 같다(근거 ④, ⑥). 라키쉬는 요하난의 인격적 미성숙에 실망하여 우울증을 겪고, 결국 죽게 되었다.

반박하기와 지지하기

위의 다양한 해석에 대해서 앞에서 배운 열린 질문을 통해 여러 가지 반박이 가능하다. 예를 들어, 해석 (2)는 좋은 탈무드식 토론 사례로 요하난-라키쉬의 토론을 들었다. 이에 대해 반박해 보면 '요하난은 탈무드 주제에 대한 이해를 완벽히 하고, 탈무드 연구에 있어서 큰 업적을 이룰 수 있었는데, 왜 라키쉬를 인신공격하고, 화해하지 못하는 옹졸한 모습을 보였을까? 과연 탈무드 저자는 요하난-라키쉬의 토론을 이상적인 하브루타 모델이라고 보았는가? 그렇게 볼 수 있는 근거는 무엇인가?'라는 질문을 던질 수 있다.

이에 대해 해석 (2)를 제시한 당사자는 '탈무드 저자의 의도는 요하난-라키쉬의 토론과 요하난-엘라자르의 토론을 대비하여 단순히 상대의 주장을 칭찬하고 지지하는 것만으로는 토론 실력이 늘 수 없음을 보여주는 것이다'라고 답변을 할 수 있다.

그러면 또 '상대는 왜 뒷부분에서 결국 요하난도 정신이 나가 죽게 되고, 요하난과 라키쉬 모두가 죽는 비극으로 끝나게 되는가? 저자의 의도가 요하난-라키쉬 토론에서의 반박을 강조하는 것이라면 요하난이 그 부분을 깨닫고, 제자들에게는 토론에서의 지지보다는 반박을 권장했다는 내용으로 마무리하면 되는데 왜 굳이 요하난의 비극적 종말을 언급했는가?'라고 재반박할 수 있다.

그리고 이 과정에서 열린 질문은 본문에서 풀리지 않는 부분을 해석하고, 좀 더 나은 해석으로 갈 수 있는 열쇠가 될 수 있다. 예를 들어 '라키쉬가 제자로서 끝내 스승에게 먼저 화해를 요청하지 않은 이유는 무엇일까?', '요하난이 탈무드 토론을 하려고 한 궁극적인 이유는 무엇이었을까?'와 같은 열린 질문을 처음부터 던지거나, 이후 토론 과정에서 상대의 주장에 대해 반박하며 이런 열린 질문을 던지면, 상대가 미처 생각하지 못한 부분을 지적하며 좀 더 생산적인 토론이 될 수 있다.

탈무드식 토론에서 지지하기는 단순히 상대의 의견을 맞장구
쳐주는 수준을 넘어선다. 본문에서도 엘라자르는 요하난의 의견
에 동의하며 "선생님의 주장은 다른 본문 ○○에서도 그 근거를
찾을 수 있습니다"라고 말하고 있다.

이것이 탈무드식 토론에서의 전형적인 지지하기 형식이라고
할 수 있다. "저도 당신의 의견에 동의합니다"라고 말하는 것을 넘
어, 그 주장을 뒷받침할 수 있는 근거자료나 다른 논리를 보충할
수 있다.

예를 들어 앞의 해석 (6)은 이 본문이 하브루타 토론에서 반박
의 중요성을 보여주는 좋은 예라는 견해를 뒤집는 새로운 해석이
다. 《하브루타란 무엇인가》의 저자 엘리 홀저 교수가 전 세계를
다니며 이 본문으로 계속 토론하면서 발견한 해석이기도 하다. 엘
리 홀저 교수는 이 본문을 바람직하지 못한 하브루타 토론의 예로
보고, 위의 해석과 같이 탈무드식 토론의 목적이 누구를 이기거나
자기 논리를 방어하기 위한 싸움 실력 향상이 아니라고 주장한다.

그는 이 에피소드의 주인공인 요하난과 라키쉬 모두 비참한 죽
음을 맞이한 것에 주목한다. "이 에피소드는 탈무드 토론의 좋은
예가 아니다. 오히려 나쁜 예다. 요하난과 같이 자기 지식을 쌓고,
학문적 업적을 이루기 위해 좋은 토론 상대를 찾고자 하면 결국
남도 죽이고, 자기도 죽는 비참한 결과를 맞이하게 된다고도 볼
수 있다. 그 근거 구절로 ④, ⑥의 라키쉬의 비극과 ⑨, ⑩의 요하
난의 비극적 최후를 들 수 있다"고 엘리 홀저 교수는 말한다.

이런 엘리 홀저 교수의 의견에 동의한다면 토론 파트너는 이런 주장을 뒷받침할 수 있는 새로운 근거 구절을 본문에서 찾아 아래처럼 더 보충할 수 있다.

"네, 그런 해석을 들으니, 본문에서 수수께끼 같던 의문이 많이 풀리는 것 같네요. 예를 들어, ②의 요하난이 토론에서 밀려서 라키쉬의 과거를 들추며 인신공격하는 부분이나, ⑤에서 누이동생의 요청을 매정하게 거절하는 요하난의 모습, ⑧의 엘라자르의 노력에 감사하기보다, 엘라자르를 라키쉬와 비교하며 오히려 엘라자르에게 굴욕감을 주는 모습 등이 모두 요하난의 인격 미성숙을 보여주는 것 같습니다. 결국 요하난은 라키쉬를 자기 학문의 완성을 위한 토론 파트너 정도로밖에 생각하지 않았고, 낮춰보았던 라키쉬가 자기를 능가하려고 하자, 인신공격으로 그를 누르려고 한 옹졸한 사람으로 볼 수 있을 것 같습니다."

엘리 홀저 교수는 요하난은 라키쉬를 자기 성장을 위한 연습경기 상대 정도로 생각했다고 본다. 자기는 챔피언이고, 시합에 나가기 위해 자기 펀치를 맞아주고, 실전 감각을 유지하게 도움을 줄 수 있는 연습 상대 정도로 낮게 생각했는데, 어느덧 라키쉬는 스승을 능가하는 수준으로 성장했다.

반면에 라키쉬는 요하난과의 토론을 통해, 서로 인격이 성숙하며 신의 성품을 닮는 수준에 이를 수 있으리라 기대하고 열심히 공부했다고 볼 수 있다. 그렇기에 매번 토론에서 24개의 질문을 준비해서 가는 열정을 보였다. 그렇지만 그는 요하난의 인신공격을 보고 스승이 하브루타 토론을 자기 학문과 업적의 도구로 생각하고 있다는 것을 깨달았다.

그래서 이후에 삶의 소망을 잃은 것이다. '이 시대 최고의 학자'라고 생각한 요하난과의 토론에서 이 경지에 이르지 못한다면, 더 이상 탈무드를 공부하고 토론하는 것이 무슨 의미가 있을까?'라고 생각했을 수 있다. 이런 관점에서 보면 그의 우울증과 죽음의 의문이 풀린다.

그리고 위와 같이 요하난의 인격적인 미성숙을 뒷받침할 수 있는 근거 구절을 더 많이 찾으면 본문 전체에 대한 좀 더 완전한 해석이 가능해진다. 탈무드 토론에서의 지지하기는 이런 식으로 하는 것이다.

마지막으로 위의 엘리 홀저 교수의 본문 해석은 하브루타에 관심을 두고 공부하는 학습자들에게도 많은 시사점을 준다. 우리가 하브루타나 탈무드식 토론을 하는 궁극적인 이유는 무엇인가? 하브루타는 토론 대회나 배틀이 아니다. 내가 반박하는 이유도 상대의 논리적인 허점을 찾아내 상대의 논리를 무너뜨리고, 나의 논리가 옳음을 입증하는 것이 아니다.

서로의 해석을 수정 보완하고, 서로가 가지고 있는 편견이나 선입견을 깨뜨리며 더 큰 인격 성숙으로 나가기 위함이다. 그리고 그렇게 제대로 된 토론을 했다면 요하난과 같은 매정함이 나올 수 없다.

물론 감정이 격해져서 실수하고 잘못할 수 있다. 하지만 제대로 탈무드 토론을 했다면 잘못을 반성하고, 먼저 용서를 구할 수 있는 용기가 나왔을 것이다. 이 본문은 다시 한번 하브루타의 목적이 나 혼자 똑똑해지는 것이 아니라, 토론 파트너와 함께 인격적으로 성숙한 사람이 되기 위함이라는 것을 보여준다.

견해 수정과 토론 파트너

탈무드는 크게 성경에 나오는 율법을 어떻게 지킬 것인가에 대한 토론인 할라카hHalakhah와 어려운 개념을 예화나 스토리로 쉽고 재미있게 풀어내는 아가다aggadah로 구성되어 있다. 지금부터 다룰 본문은 할라카의 전형적인 모습이다.

'언제가 아침인가?'를 주제로 하는 아래 할라카 본문은 탈무드 원전 공부 초심자들에게는 좀 어려울 수 있다. 조금 어렵더라도 이 주제를 다루며 아래의 문장에 대해 생각해보면 좋겠다.

1. 탈무드식 토론에서 파트너는 어떤 의미를 갖는가?
2. 탈무드에서 바라보는 인간의 의미는 무엇인가?
3. 경청을 위해서는 어떤 태도와 실천이 필요한가?
4. 탈무드식 토론에서 견해의 수정 보완은 어떤 과정을 거치는가?

아침, 저녁으로 암송해야 하는 쉐마 기도를 아침 어느 시간에 해야 할 지를 두고 랍비들이 토론했다. 쉐마는 "들으라 이스라엘, 주는 우리 하나님이시고, 주는 한 분이시다"라고 시작하는 신명기

(6장 4절) 구절이다. "네가 누울 때와 네가 일어날 때, 이 말씀에 대해 이야기하라"라는 내용에 근거하여, 아침에 일어나서와 밤에 자기 전에 이 구절을 암송해야 한다고 본다.

한 그룹의 랍비들은 유대인들이 옷에 차는 술tzitzit의 하늘색 실과 하얀색 실이 구분되는 시점을 아침으로 봐야 한다고 한다. 랍비 메이어는 사람이 두 형태가 비슷한 동물을 식별할 수 있는 시점을 아침으로 봐야 한다고 말한다. 예를 들어, 늑대와 개가 구분되면 아침이다. 랍비 아키바는 충분한 빛이 있어서 집 당나귀와 야생 당나귀를 구분할 수 있을 때가 아침이라고 본다. 다른 익명의 현자들Aherim은 알고 있던 사람을 4규빗(약 2미터) 정도 떨어져서 알아볼 수 있으면 아침으로 보고 쉐마를 암송해야 한다고 말한다.

탈무드 베라홋Berakhot 9b

앞에서 배웠던 방법대로 열린 질문부터 하나씩 해보자. 우선 아래와 같이 열린 질문과 해석을 해볼 수 있다.

(1) 왜 랍비들은 아침의 시작 시간을 정확히 정하려고 했을까?

(2) 4가지 견해가 사물 → 동물 → 사람으로 확대되는 데는 어떤 의미가 있을까?

(3) 메이어와 아키바는 모두 동물을 기준으로 삼았는데, 늑대와 개, 집 당나귀와 야생 당나귀의 차이는 무엇인가? 또, 많은 동물 가운데 개와 당나귀를 든 것은 특별한 이유가 있을까?

(4) 주어진 네 가지 견해 가운데 우열이 있는 것인가? 아니면 그때그때 상황에 따라 다르게 판단하라고 하는 것인가?

그리고 아래와 같이 해석할 수 있다.

(1) 이 이야기는 영적 생활의 출발점이 사람에 있음을 말하는 것 같다. 근거는 지인을 알아볼 정도가 되었을 때 기도를 시작하라고 한 부분이다.

(2) 이 이야기는 기도나 신앙이 자기에서 타자로 사물에서 사람으로 향해야 한다는 것을 말하는 것 같다. 구분의 대상이 사물에서 동물로, 동물에서 사람으로 향하고 있기 때문이다.

이렇게 열린 질문과 해석을 두고 토론해보면 이 짧은 본문에서도 많은 논리를 발견할 수 있다. 우선 아침이 언제 시작하는지를 시시콜콜하게 따진다.

A. 성경에는 아침에 일어나서와 자기 전에 기도하라고 했는데, 아침이 언제인가?

B. 아침이 언제기는 언제야? 해가 뜨면 아침이지.

A. 그러면 해가 떴다는 상황은 어떻게 정의할 수 있는가? 해가 조금만 떠올라도 되는가? 해가 지평선 위에 다 솟아올라, 완전히 어둠이 사라졌을 때가 아침인가?

이런 식으로 질문과 답을 하며 토론을 전개한다. 본문의 분위기를 봐서는 해가 처음 떠서, 어둡기는 하지만 어느 정도 사물의 구분이 가능할 때는 아침으로 보는 것 같다. 그러면 사물 구분의 기준은 무엇으로 해야 할까? 찌찌tzittzit는 남자들의 옷깃에 달린 술을 말하는데, 보통 하늘색과 흰 실을 꽈서 만든다. 어떤 랍비들은 일어나서 찌찌 색이 구분될 정도면 아침으로 보고 쉐마 기도를 암송하라고 한다.

랍비 메이어와 아키바는 비슷하게 생긴 동물을 기준으로 기도 시간을 결정할 수 있다고 한다. 그렇지만 익명의 랍비들은 아는 지인을 2미터 거리에서 알아볼 수 있으면 아침이라고 볼 수 있다고 한다.

이 부분을 두고 여러 가지 해석이 가능하다. 우선 기도와 같은 영적 활동의 시작점을 개인의 주관적 판단에 의지하지 말라는 내용으로 볼 수 있다. 객관적인 기준이 있어야 한다. 그것이 무생물일 수도, 생물일 수도 사람일 수도 있다.

둘째, 그 기준에서 제일 중요한 것은 사람이라는 것을 알 수 있다. 어떤 랍비는 이런 해석을 통해 우리 신앙생활의 출발점이 사람이 되어야 한다고 말한다. 유대교는 유일신 사상을 가지고 영적 세계를 강조하지만, 한편으로는 굉장히 현세적인 종교다. 이 땅이 무의미하므로 빨리 없어져야 할 곳으로 생각하지 않는다. 그리고 이 땅에 존재하는 사람을 위해 신앙이 있다고 생각한다.

어떤 사람은 이런 말을 했다. "만약 신이 존재한다면, 그분은 사람과 사람 사이에 계실 것이다" 이런 생각은 신약 성경에도 나온다. 예수님은 "두세 사람이 내 이름으로 모인 곳에 나도 그들 중에 있다(마태복음 18장 20절)"라고 말했다. 계속 반복되는 이야기이지만, 하브루타를 하는 것은 하브루타 파트너를 통해 진리를 깨닫고, 파트너와의 관계를 통해 인격을 완성하는 과정이다. 그리고 이때 파트너는 나의 지적 성장을 위한 도구가 아니다. 바로 내가 인내하고, 섬겨야 할 대상이다.

한 랍비는 이런 말을 했다.

"우상이란 신의 형상이 아닌 것을 신처럼 숭배하는 것이다. 우리는 신의 형상을 볼 수 없다. 그런데 이 세상에서 유일하게 신의 형상으로 지어진 피조물이 있는데, 그게 바로 사람이다. 그러므로 우리는 사람을 사랑하고 섬길 때 바로 보이지 않는 신을 사랑하고 섬기는 것이라고 할 수 있다."

이런 이해가 있다면 우리는 탈무드식 토론을 하며 사람을 통한 신에 대한 사랑과 섬김을 실천할 수 있다. 파트너의 이야기에 좀 더 귀 기울여 듣고, 파트너에게 도움을 주기 위해 내가 무엇을 해야 할지 더 생각하게 된다. 그렇게 경청하고, 파트너의 성장을 돕는 것이 진리를 향해, 신의 성품을 닮는 삶이기 때문이다.

탈무드식 토론 예시 1:
토론이 필요한 이유

    첫번째 탈무드식 토론 예시의 주제는 '토론이 필요한 이유'이고, 토론에 쓰인 텍스트는 앞서 예시로 들었던 미드라쉬 창세기 라바 8장이다. 이 주제를 통해 진리를 찾기 위해서 왜 인간들의 토론이 필요한지에 대한 랍비들의 견해를 살펴볼 수 있다.

  ① 신께서 인간을 만드실 때 하늘의 천사들의 의견이 둘로 나누어졌다. 어떤 천사들은 인간을 만들어야 한다고 했고, 어떤 천사들은 인간을 만들면 안 된다고 했다.
    선행의 천사가 말했다. "인간을 창조해야 합니다. 그들은 (땅에서) 선행을 행할 것이기 때문입니다." 그러자 진리의 천사가 말했다.

"안 됩니다. 그들은 거짓으로 가득 찰 것입니다." 또 공의의 천사가 말했다. "인간을 창조해야 합니다. 그들은 땅에서 공의를 세울 것이기 때문입니다. 그러자 평화의 천사가 말했다. "안 됩니다. 그들은 끊임없이 싸울 것이기 때문입니다."

② 그때 거룩하신 이가 진리를 잡아서 땅으로 던지셨다.

③ 그러자 천사들이 거룩한 분에게 따졌다. "온 우주의 주재자이시어, 왜 하늘의 법정에서 가장 중요한 천사를 내치셨습니까? 진리가 땅에서 다시 일어나게 하소서."

④ 이렇게 천사들이 계속 논쟁할 때, 거룩하신 이가 인간을 만드시고 천사들에게 말씀하셨다. "무엇을 논쟁하고 있느냐, 이미 인간은 만들어졌다!"

진리와 선행, 평화와 정의
어떤 것이 우선시되어야 하는가?

A. 저는 이 이야기는 인간의 삶에 있어서는 선행과 정의, 평화가 제일 중요하고, 진리는 때로는 선행과 정의, 평화를 위해 뒤로 물러서야 할 때도 있다는 것을 말하고자 한다고 생각했습니다. 근거 구절은 ②인데요, 진리가 땅으로 내쳐지는 모습에서 이렇게 말할 수 있을 것 같습니다.

B. 아 그러셨군요. 저는 이 이야기는 인간의 가장 큰 사명은 땅

에서 진리를 찾는 것을 말하고자 한다고 생각했습니다. 근거 구절은 ③입니다. 진리가 땅에서 일어나게 해달라고 했으니까요. 저는 진리 추구에 좀 더 초점이 있다고 생각했는데, 선생님은 왜 진리보다 선행, 정의, 평화가 더 중요하다고 생각하셨는지요?

A. 네, 이 부분은 다른 탈무드 내용도 있고, 또 저의 일상생활이나 인류 역사상에서 많은 증거를 찾을 수 있는데요. 우선 전에 배웠던 아브라함과 사라의 에피소드가 첫 번째 근거입니다.

100세에 아이를 갖게 될 것이라는 말을 천사가 전해주었을 때 사라는 나도 늙고 남편도 늙었는데 어떻게 그런 일이 있을 수 있냐고 속으로 비웃었죠. 하지만 신께서는 아브라함에게 사실을 있는 그대로 전하지 않고, 사라가 '아브라함이 늙었다'라고 속으로 말한 부분을 빼고 말씀하십니다. 사실을 있는 그대로 말해서 아브라함과 사라가 부부 싸움을 하는 것을 막기 위함이었고, 이를 두고 탈무드는 '가정의 평화를 위해서는 진리에서 벗어날 수도 있다(예바못 65b)'라고 합니다.

실제 우리 생활에서도 마찬가지입니다. 많은 부부 싸움이나 다른 사람들과의 싸움도 결국 자신들이 옳다고 믿는 것, 진리라고 생각하는 것을 상대에게 강요하며 생기는 것 같습니다. 그리고 그들이 진리라고 믿는 것이 사실은 자신들

의 익숙함과 자기들이 해오던 것을 계속하기 위한 일종의
자기방어 논리인 것이 많습니다. 그래서 저는 '옳고 그름보
다 중요한 것은 가정의 평화다'라는 말이 정말 맞는 말이라
고 생각합니다.

다툼을 피하려고 원칙 없이 다 타협해야 하나?

B. 저도 어느 정도 그런 논리를 받아들이기는 하는데, 그런 식
으로 하면 어떤 옳고 그름의 기준이나 도덕이 무너지고, 모
든 것을 다 상대적으로 보는 오류에 빠지지 않을까요? 결국
평화를 위해서는 원리 원칙을 무너뜨리고 타협하게 되는
일종의 무질서한 삶이 펼쳐지지 않나요? 예를 들어, 아이가
몸에 안 좋은 사탕을 너무 많이 먹거나 탄산음료를 계속 마
시는데, 배우자나 자녀와 싸우지 않기 위해 아이가 안 좋은
것을 먹는 것을 그대로 방치하는 것이 옳은가요?

A. 예, 그래서 여기 미드라쉬에서는 단순히 평화뿐 아니라, 정
의와 선행도 진리에 앞서 고려되어야 한다고 말하는 것 같
습니다. 예를 들어, 아이가 도둑질했는데, 가정의 평화를
위해 도둑질을 눈감아주어야 하지는 않겠지요. 평화뿐 아
니라, 정의와 선행도 같이 힘써 지켜야 할 가치니까요. 이
런 의미에서 정의를 위해서 전쟁하는 것도 용인될 수 있다

고 생각하고요. 평화를 위해 사회의 불의나 독재에 침묵하는 것은 정의로운 일이 될 수 없으니까, 이런 때는 싸워야 하겠지요.

B. 예, 그렇게 조금 큰 주제인 도둑질과 사회 정의라는 부분에서는 설명이 되는데, 위해서 말씀드린 건강을 위한 다툼 같은 개인적인 문제는 어떤가요?

A. 이 부분은 오늘의 본문에서는 답을 찾을 수 없지만, 다른 탈무드에서 답을 찾을 수 있다고 생각하는데요. 생명과 관련된 부분에서는 적절한 타협을 통한 잠시의 평화보다 다툼이 있더라도 어느 정도 싸울 때는 싸워야 한다고 볼 수 있습니다. 잘 아시다시피 유대인은 안식일에 일을 할 수 없습니다. 하지만 탈무드에서는 안식일에도 일을 할 수 있는 예외로 전쟁 상황이나 구급차의 출동, 긴급 재난 상황 등을 들고 있습니다. 이런 특수 상황에서 일을 하면 안 된다는 안식일 율법의 좁은 해석에 갇혀 있으면 살아서 더 많은 안식일을 지킬 기회를 빼앗기기 때문에 이는 옳지 않은 행동이라고 보죠. 탄산음료나 사탕처럼 아이 건강을 해치는 음식은 최대한 자제시키고, 그 과정에서 어느 정도 다툼은 감수해야겠지요.

생명이나 건강과 같은
중요한 문제에서 의견이 다를 때

B. 네, 알겠습니다. 자꾸 질문을 위한 질문을 하고 따지는 것 같아 죄송하기는 한데, 그럼 이런 상황은 어떻습니까? 위의 경우 부부가 탄산음료나 사탕은 아이 몸에 안 좋다는 같은 의견을 갖고 있으면 싸울 일이 없겠죠. 안 좋은 것을 계속 먹으려고 하는 아이를 달래고, 다른 대안 음식을 찾으면 되죠. 그런데, 실제로는 부부간에도 서로 건강에 대해 다른 의견을 갖게 되는 경우가 많습니다.

제가 아는 지인 부부는 아이 약을 먹이는 문제로 서로 많이 부딪히는데요. 아빠는 나름 건강 공부를 많이 해서 감기에는 약을 쓰지 않고, 어느 정도 앓게 해서 스스로 면역력을 갖게 해주는 게 낫다고 생각합니다. 그런데, 엄마는 아이가 아프면 무조건 병원에 데리고 가서 의사 선생님 말씀대로 주사 맞고, 약을 먹어야 한다고 생각해요. 그리고 아빠는 약을 쓰더라도 항생제는 남용하면 나중에 진짜 항생제를 써야 할 때 듣지 않으니 쓰지 말자고 하는데, 아내는 의사 선생님이 항생제 안 쓰면 약 효과가 없다고 했다고 항생제 든 약을 무조건 먹이려 하고요. 이런 경우는 어떻게 해야 할까요?

A. 그런 상황이 오늘 우리가 토론하는, 무엇이 진리냐를 놓고

논쟁하는 경우라고 할 수 있는데요. 좀 단순화하면, 아빠는 자연 치유가 진리라고 생각하고, 엄마는 현대 의학이 진리라고 생각하고 있죠.

이런 경우는 현실적으로 시행착오를 겪어보며 우리 상황에 맞는 답을 찾아갈 수밖에 없는데요. 제가 아는 한 가정은 아빠가 가정의 평화를 위해 본인은 영 아니라고 생각했지만, 무조건 약을 쓰고 병원에 의지해야 한다는 엄마의 의견을 우선 따랐습니다. 그런데 몇 번의 항생제 복용 이후에 내성이 생겨서 약이 잘 안 듣는다는 다른 의사의 소견을 듣고 오히려 엄마의 생각이 조금 바뀌게 되었습니다. 그리고 남편 말도 옳은 게 아닌가 생각하고, 이후에 항생제 사용에는 좀 더 신중해졌다고 하더라고요.

안타까운 현실이지만 진리라고 생각하는 쪽이 약자이고 소수 의견인 경우는 그 진리가 드러나기까지 때를 기다릴 수밖에 없습니다. 그리고, 본인이 생각한 문제가 일어난 이후 그에 대한 대안을 마련하는데, 시간과 에너지를 투자하는 것이 낫지요.

B. 실제 그렇게 대안을 마련한 사례가 있나요?

A. 한 예가 탈무드 에피소드로 우리나라에 잘 알려진 요한 벤 자카이와 야브네의 학교 이야기입니다. 로마의 예루살렘 공격 당시, 요한 벤 자카이는 전쟁보다 항복을 택하는 것이 더 옳다고 생각했지만, 예루살렘은 로마와의 결사 항전을

주장하는 주전론자主戰論者들의 목소리가 더 컸습니다. 더 이상의 옳고 그름을 따지는 게 무의미하고, 본인이 생각하는 진리가 받아들여질 수 없는 상황에서 요한 벤 자카이의 선택은 대안 마련이었습니다. 그래서 그는 목숨을 걸고 적진으로 들어가 사령관인 베스파시아누스 장군을 만나고, 예루살렘의 모든 것을 파괴해도 좋으니 멀지 않은 시골인 야브네에 작은 학교 하나만 남겨 달라고 요청합니다. 그리고 결국 이 요청이 받아들여지고, 요한 벤 자카이와 제자들은 오늘날 탈무드의 기초가 되는 연구 성과들을 보존하고 후학을 양성해 민족을 살리는 데 이바지합니다.

B. 이런 예를 들으니, 왜 안타깝다고 하셨는지 좀 이해가 되네요. 그렇게 진리가 아닌 쪽이 득세하는 상황에서는 어쩔 수 없이 수많은 피 흘림과 희생을 감수할 수밖에 없어서 그런 거지요. 사실 역사를 보면 그런 적이 한두 번이 아닌 것 같습니다. 우리나라 역사만 해도 '십만 양병설'을 주장한 율곡 이이 선생이나 일본을 다녀와서 일본 침략의 가능성을 보고하지만, 그의 의견이 받아들여지지 않았던 조선 통신사 황윤길 같은 분이 생각나네요. 진리를 이야기해도 진리가 받아들여지지 않는 순간에는 말씀하신 대로, 진리가 옳다고 계속 상대와 싸움할 시간과 에너지를 이후 있을 일을 대비하는 데 쓰는 것이 더 바람직한 것 같습니다.

진리를 땅에서 찾으라는 말은
무슨 뜻인가?

A. 이는 개인적인 문제에서도 마찬가지인 것 같습니다. 내가 옳다고 생각하는 것이 받아들여지지 않는 상황에서는 계속 주장하고, 상대와 싸우기보다, 내가 예상한 상황이 왔을 때 이 문제를 해결할 수 있는 대안을 마련하는 게 더 바람직할 것 같습니다. 그리고 한 가지 더 나누고 싶은 내용은 제가 말씀드린 '진리는 땅에서 찾을 수 있다'라는 부분입니다. 이는 미드라쉬에서 근거 구절로 삼고 있는 시편 85편 11절 말씀에서 온 것인데, "진리는 땅에서 솟아나고 의는 하늘에서 굽어보도다"라고 되어 있습니다. 언뜻 생각하면 "진리는 하늘에서 오고, 의가 땅에서 실천된다"가 더 논리적인데 왜 이런 말이 나왔을까요?

B. 가만히 생각해보니 정말 그러네요. 보통 종교적 진리는 하늘의 계시를 통해 전해진다고 하지 않나요?

A. 그렇지요. 길게 설명할 수 있지만 단순화해서 말하면, '인간의 창조와 동시에 하늘의 진리는 땅으로 떨어졌으니, 땅에서의 토론을 통해 진리를 찾으라는 의미가 아닐까?'라고 생각합니다. 이런 점에서 질문과 토론, 그리고 상대의 의견에 대한 열린 마음 등이 진리 추구에 있어 중요한 것이지요. 하지만 실제 인류 역사나 현실 사회에서는 그 반대의 모습

이 더 많이 나타납니다. 자기의 주장에 신적 권위를 부여하며, 한 시대 한 지역에만 유효할 수 있는 사상이나 이념을 가지고 전 세계를 바꿔보고 전 인류를 구해보겠다는 사람들이 있었고, 오히려 이들에 의해 수많은 폭력과 살상이 벌어졌죠.

B. 네, 분명 그런 점이 있는 것 같습니다. 저는 말씀 들으며 계속 칼 포퍼의 《열린사회와 그 적들》이라는 책이 생각이 났습니다. 반론도 많지만 칼 포퍼는 플라톤의 이상사회나, 헤겔의 절대정신, 맑스의 결정주의적 역사관 등이 주창자들의 의도와는 달리 닫힌사회와 독재자들의 전체주의 정치사상을 옹호하는 도구가 되었다고 비판하는 것 같습니다. 그러면서 그는 민주주의 정신의 핵심인 자유와 다양성을 지켜야 한다고 역설하는 것 같고요.

A. 네, 맞습니다. 하늘의 진리가 땅에 떨어진 이상, 우리는 모든 가능성을 열어놓고, 각자의 생각이나 의견 속에 파편처럼 흩어진 진리를 모아야 합니다. 그런 면에서는 어떤 절대진리가 있다고 주장하는 것보다, 내가 틀릴 수 있고, 네가 옳을 수 있다는 열린 마음으로 겸손하게 토론하는 것이 진리에 가까이 갈 수 있는 가장 빠른 길이라고 생각합니다.

B. 그러면 모든 사상이나 종교가 나도 틀릴 수 있다는 마음으로 자신의 가르침이나 교리를 내려놓고 대화해야 한다는 건가요?

A. 그것은 좀 다른 문제입니다. 이 부분은 좀 더 길어지는 내용인데, 우선 간단히 말씀드리면, 교리와 가르침이 완전히 다른 쪽에는 침묵하고, 나와 같은 교리와 가르침을 가지고 있는 사람들에게 열린 마음과 관용이 필요하다는 것이 탈무드의 기본적인 가르침입니다. 이 내용은 언제 한번 다른 주제에서 자세히 다뤄봐야 할 것 같습니다.

질문과 토론을 강조하는 유대 전통

B. 아, 알겠습니다. 하여간 종교적으로도 보면 내가 하늘에서 이른바 '직통 계시'를 받았다고 하는 경우가 제일 위험한 것 같습니다. 대부분의 반사회적, 반인륜적인 행위를 서슴지 않는 사이비 종교는 교주가 하늘로부터 직접 특별한 계시를 받았고, 자기만이 하늘의 뜻을 받드는 절대자라고 착각하는 데서 시작되는 경우가 많습니다. 사실 계시 신앙의 대표라고 할 수 있는 유대교도 모세가 시내산에서 계명을 받아오지만, 계명을 어떻게 실천하고 신의 뜻에 맞는 삶을 살아야 할지는 끊임없는 질문과 토론이 필요하다고 보지요.

A. 아, 그런가요? 그렇게 말씀하시는 근거가 있습니까?

B. 물론입니다. 탈무드 키두신 30a에서는 토라의 중간 부분이 레위기 10장 16절의 "묻고 물었다"라고 말합니다. 우리말

성경에는 모세가 속죄제 드린 염소를 '찾은즉'이라고 나오고 NIV 영어 성경은 'inquire about'이라고 약간 모호하게 나오는데, 히브리 원어는 דָּרֹשׁ שָׁרַשׁ(다로쉬 다라쉬)이고, 문자적으로 해석하면 '묻고, 그는 물었다'입니다. 자세히 이야기하면 좀 복잡해지는데, 핵심만 말하면 제사로 드린 고기를 제사장들이 거룩한 곳에서 먹어야 한다는 계명을 모세가 받았는데, 이를 지키지 않았다고 모세가 따지자, 아론이 반론을 제기하고, 토론 끝에 모세가 아론의 의견을 수용했다는 내용입니다.

나중에 컴퓨터로 토라의 단어들을 다 세어보니, 이 부분이 정확히 토라의 중간 위치는 아니었습니다. 하지만 랍비들은 조상들이 이 부분을 토라의 중간 부분으로 봤던 것은 나름의 의미가 있다고 생각합니다. 이 부분 전까지는 수동적으로 계명을 듣는 단계이지만 이후는 적극적으로 질문하고 토론하면서 진리를 찾아나가는 상징적인 장면으로 볼 수 있습니다. 그리고 이 사건 뒤에 신은 모세에게뿐만 아니라 아론에게 동시에 말씀하시며 음식규정Kosher을 주는 모습(레위기 11장 1절)이 나옵니다.

그리고 또 아들이 없어서 대가 끊어지게 된 슬로브핫의 딸들이 아버지의 기업을 딸들에게 달라고 요구하는 장면을 민수기 27장에서 찾을 수 있습니다. 신께서는 그들의 요구가 정당하니 슬로브핫의 이름을 남기고 기업을 다음 세대에 전수할 방법을 찾으라고 명령하십니다.

계명과 원칙을 받았지만, 그 계명을 어떻게 적용할지에 대해서는 수많은 질문과 토론을 통해서 시대와 상황에 맞는 진리를 찾아가야 한다는 메시지로 볼 수 있습니다. 그리고 위의 두 사례는 그런 과정에서 나보다 배움이 적다고, 여자라고 무시하고 그들의 질문이나 주장을 경시해서는 안 된다는 것을 말하는 것 같고요.

A. 네, 전적으로 동의합니다. 그럼 이렇게 정리해볼 수 있겠네요. '아무리 하늘에서 받은 절대적인 원리라고 하더라도, 그 원리가 모든 장소, 모든 경우에 진리일 수 없다. 주어진 때와 상황에 맞는 최대한의 진릿값을 찾기 위해 끊임없이 질문하고 토론해야 한다. 그리고 이 과정에서 질문하고 자기의 의견을 말할 수 있는 자유가 최대가 보장되어야 한다' 라고요.

질문하고 토론할 수 있는 자유를 최대한 보장하라

B. 아주 잘 정리해주셨네요. 저도 마음대로 묻고, 마음대로 자신의 의견을 낼 수 있는 사상의 자유, 표현의 자유가 정말 중요하다고 생각합니다. 물론 그 자유가 다른 사람의 권리나 이해를 침해해서는 안 된다는 전제에서요.

저는 이 논의를 하면서 계속 "나는 당신의 말에는 동의하지 않지만, 당신이 말할 수 있는 권리는 목숨 걸고 지키겠다"라는 격언이 생각났습니다. 프랑스 사상가 볼테르의 말로 알려졌지만, 실제로는 볼테르 연구가였던 역사학자 이블린 홀이 했다고 하는데, 상대의 주장에는 동의하지 못하더라도 상대가 말할 수 있는 권리를 지켜주어야 한다는 말이죠.

A. 네, 저도 동의하고 요즘 같은 시대에 꼭 필요한 말인데, 사실 실천이 잘 안되더라고요. 정치나 사회적인 문제에 있어 저와 다른 목소리나 주장을 듣고 싶어도, 저와 반대 의견 가진 분들이 막말과 인격 무시, 또 논리 비약을 하는 게 너무 심해서 들을 수가 없어요.

B. 그런 경우가 많죠. 결국 가장 기본은 사람을 비난하는 것이 아니라 그 사람의 생각과 행동을 비판해야 하는데, 사람과 주장을 분리하는 작업이 제일 힘든 일 같아요. 그래서 저는 요즘 역사 하브루타를 아이들과 해보며 친일파와 반민족 행위를 구분해보는 연습을 해보고 있는데요. 사람을 미워하기보다, 그들이 한 행위를 미워하고, 그런 행위가 나에게 반복되지 않기 위해서는 어떻게 해야 할까를 늘 생각해야 하는 것 같아요. 그렇지 않으면 욕하면서 닮는다고, 나도 똑같이 그런 잘못을 저지르기 쉽습니다.

A. 네, 그리고 말씀하신 대로 나와 생각이 다른 사람들에게 내 생각을 예의를 갖춰 논리적으로 설명하는 연습을 꾸준

히 할 필요가 있을 것 같아요. 저는 가끔 이 대목에서 1988 년 5공화국 청문회 국회 생중계 장면이 생각나는데요. 5공 화국의 실세이자 경호실장과 안전기획부장을 역임한 장세 동씨를 증인으로 세워놓고, 질문하는 과정에서 몇몇 국회 의원들은 장세동씨를 비난하며 '무식한 놈', '돌대가리' 같 은 인신공격을 했습니다. 그런데 한 국회의원은 "우리나라 가 지금까지 정치자금법에 관한 규정도 모르고 어떤 정치 자금이 합법적이고 불법적인 것도 모르는 안전기획부장에 게 이 나라의 안전을 맡겼습니까?"라는 논리적인 질문을 했 지요. 또, 이 분은 나중에 소속 정당이 명분 없는 합당을 할 때 "이의 있습니다. 토론과 설득이 없는 회의가 어디 있습 니까?"라는 유명한 말을 남기기도 했지요.

B. 네, 저도 어느 분인지 알 것 같네요. 그 말을 오늘의 주제에 접목한다면, "질문과 토론이 없는 진리 추구가 어디 있습니 까?"라는 말이 될 것 같습니다. 그리고 결국 인신공격이나 감정적 토론은 자기 생각이나 준비 부족을 메꾸기 위한 몸 부림이기도 한 것 같아요. 자료를 많이 준비하고, 자신의 주장을 입증할 수 있는 사례나 증거를 많이 준비해서 토론 에 임한다면 굳이 상대를 비난하고 감정적인 호소를 하지 않더라도 충분히 상대를 설득하거나 최소한 그런 토론을 지켜보는 사람들의 마음을 움직일 수 있을 테니까요.

A. 네, 맞습니다. 생산적인 토론을 위해서는 결국 제대로 준비

해야 하고, 제대로 공부해야 합니다. 공부하지 않고, 준비하지 않고, 말로 때워서 자기주장을 관철하려고 하면 독단이 나타나고 감정적인 언쟁이 되는 것 같습니다. 그런데 문제는 우리가 많은 정치, 경제, 사회적인 이슈에 대해서 다 깊게 공부하고, 문제뿐 아니라 대안을 제시하는 생산적 대화를 준비할 시간과 에너지가 없다는 데 있습니다. 그러면 어떻게 해야 할까요?

B. '침묵'이죠. 우리가 모르는 것은 침묵하고, 우리가 알고 관심 있는 주제에 대해 더 공부하고, 논리적이고 예의 바르게 우리가 옳다고 믿는 것을 하나하나 전해야 하지 않을까요?

A. 아, 침묵. 침묵이라… 그것도 하나의 방법이 될 수 있지만, 사회적 불의나 나라의 존망이 걸린 문제도 침묵할 수는 없지 않나요?

B. 물론이죠. 하지만 사회적 불의는 잘 모르겠는데, 나라의 존망이라고 하는 것이 실제 그런 것보다 어떤 정치세력이나 언론의 정치 선동으로 부풀려지는 면이 많기에 그렇게 염려할 부분은 아니라고 생각합니다.

A. 네, 알겠습니다. 하여간 정치는 어려워요. 오늘은 미드라쉬의 내용에서 진리를 위한 올바른 토론이 무엇인지에 대해서 이야기 나눴는데, 이야기 나누다 보니 정말 생각할 거리가 많네요.

B. 그렇죠. 그리고 오늘 배운 대로, 우리가 당장 마주치고 있는

문제에 대한 답도 성급하게 찾기보다, 끊임없이 질문하고, 나와 다른 견해도 경청하며 여유를 가지고 천천히 답을 찾아가다 보면 좀 더 현명한 결정을 내릴 수 있지 않을까 싶습니다.

A. 네, 알겠습니다. 그럼, 오늘 토론은 여기서 마칠까요. 다음 주에 또 뵐게요. 감사합니다.

탈무드식 토론 예시 2:
힐렐과 샴마이

일상생활에서 나는 못 하면서 가족이나 다른 사람에게 하라고 강요하는 것이 있다. 내가 할 수 없는 것은 아무리 좋은 것이라도 가족이나 남에게 강요해서는 안 되는 것일까? 예를 들어, 나는 살이 쪄서 고생을 많이 하여 다른 사람에게 체중 조절하라고 말할 수 있는 것은 아닐까? 이런 조언은 강요와 무엇이 다를까?

다른 사람의 처지에서 생각하고, 다른 사람의 마음에 공감하기 위해서는 어떤 연습이 필요할지 이 토론 텍스트를 통해 생각해볼 수 있다. 이번 토론 예시의 주제는 '힐렐과 샴마이'이고, 토론에 쓰인 텍스트는 마찬가지로 앞서 봤던 탈무드 샤밧 31a다.

① 한 이방인이 랍비 샴마이를 찾아왔다. "내가 한 발로 서 있는 동안 토라 전체의 내용을 나에게 가르칠 수 있다면 나는 유대교로 개종하겠소."

② 샴마이는 건축용 자를 들고 그를 내쫓았다. 그 자는 일반적으로 쓰이는 측량 도구였고, 샴마이의 직업은 건축가였다.

③ 같은 이방인이 랍비 힐렐에게 가서 같은 요구를 했다. 힐렐은 그를 개종시켰다.

④ 힐렐은 이방인에게 다음과 같이 말해주었다. "당신이 싫은 것을 다른 사람에게 하지 마십시오. 이것은 토라 전체의 내용입니다. 나머지는 그에 대한 해설이니 가서 공부하십시오."

황금률을 실천하라

A. 이 이야기는 마빈 토케이어 탈무드에도 소개된 유명한 예화인 것 같은데요, 요지는 "내가 싫은 것을 다른 사람에게 강요하지 말라"는 보편적인 윤리 원칙 즉, '황금률黃金律을 실천하라'인 것 같습니다. 근거 구절은 ④의 힐렐의 말이 되겠지요.

B. 네, 저도 그렇게 생각합니다. 공자님도 비슷한 말씀을 하신 것으로 알고 있는데요. 논어 위령공편에서 자공이 공자에게 '평생을 살면서 지켜야 할 말씀 하나가 있습니까?子貢問日

有一言而 可以終身行之者乎'라고 묻자 공자는 '그것은 바로 관용이다. 내가 원하지 않는 것을 다른 사람에게 해서는 안 된다子曰 其恕乎 己所不欲 勿施於人'고 했지요. '기소불욕 물시어인.' 저도 이 말을 듣고, 제 좌우명으로 삼아야겠다고 생각했습니다.

A. 그런데 여기서 흥미로운 것은 탈무드의 이방인이나 자공이나 모두 '가장 중요한 한 가지'를 물었다는 점입니다. 어떻게 살아야 하는가에 대한 종교나 철학의 답이 수도 없이 많고 복잡한 것 같은데, "하나만 해야 한다면 무엇을 해야 할까"라는 질문이 생겼던 것 같아요.

샴마이가 건축가임을 강조한 이유는?

B. 네. '가장 중요한 한 가지'는 좀 더 생각해볼만한 주제인데요, 우선 여기서는 왜 샴마이와 힐렐이 이방인의 요구에 대해 다른 반응을 보였는지 본문에 좀 더 집중해볼까요? 저는 먼저 이방인의 요구가 객관적으로 무례한 요구이고, 이에 대한 샴마이의 반응은 일반적이라고 생각합니다. ②에서 샴마이가 손에 들고 있던 자가 '일반적으로 사용되던 측량 도구'라는 설명이 붙은 이유도 거기 있다고 생각하고요.

A. 저도 왜 갑자기 샴마이의 직업이 나오고, 샴마이가 자를 들고 이방인을 내쫓았다고 하는지 의아했는데, 지금 설명을

들으니 조금 이해가 되네요.

B. 그래서 저는 이 에피소드에서 탈무드 저자는 '나와 다른 종교나 사상을 가진 사람을 설득하기 위해서는 일반적인 방법이 아니라 그 이상이 필요하다'라는 메시지를 전달하고자 하는 게 아닌가 생각되었습니다. 무례한 행위를 무례하다고 하는 것은 누구나 할 수 있는 것입니다. 그리고 누군가를 가르치고 영적인 변화를 주고자 하는 사람은 그런 수준에 머물러서는 안 됩니다. 여기서 탈무드 저자는 힐렐과는 달리 샴마이의 직업을 소개하고 있습니다. ②에 샴마이는 건축가라고 말하고 있습니다. 이 말은 탈무드 저자의 입장에서 그는 랍비고, 참 스승이라기보다, 그냥 건축가라는 의미가 될 것 같습니다.

A. 아, 상당히 설득력 있는 깨달음인데요. 그래도 샴마이가 보통의 건축가는 아니고, 상당한 지적인 수준의 학자 아닙니까? 샴마이 학파라는 하나의 학파를 이룰 정도의 거장이었고, 힐렐과 비교해서는 부족해보이지만, 보통 사람보다는 대단한 사람이라고 할 수 있는데요.

B. 네, 맞습니다. 그래서 저는 이렇게 생각해보았습니다. 예를 들어 샴마이와 힐렐은 둘 다 프로야구 투수라고 할 수 있습니다. 일반인과 비교하면 상상할 수 없을 정도의 속도로 빠른 공을 던집니다. 샴마이는 시속 140~150km의 강속구를 던지는 투수라고 할 수 있습니다. 일반인은 시속 100km로

도 던지기 쉽지 않습니다. 그런데 힐렐은 시속 160km의 최고 구속을 던지는 투수라고 할까요. 그리고 샴마이는 어깨 힘으로만 공을 던진다면, 힐렐은 허리와 온몸을 이용해 공을 던져 구속을 끌어 올린다고 할 수 있습니다.

A. 네, 무슨 말씀인지 알겠습니다. 샴마이도 이방인이나 일반인에 비하면 대단한 사람이지만, 힐렐과 비교되어 상대적으로 작아보인다는 말씀이지요.

B. 네 그렇습니다. 그리고 이렇게도 생각해볼 수 있을 것 같습니다. 지식과 인격이라는 두 기준으로 살펴보면 다음과 같은 표를 그려볼 수 있습니다.

사람	지식	인격
이방인	X	X
샴마이	O	X
힐렐	O	O

이방인은 토라에 대한 지식도 없고, 예의 바르게 질문할 수 있는 인격도 없는 사람입니다. 샴마이는 토라에 대한 지식은 있지만, 무례한 사람을 인내하고, 예의 바르게 대할 수 있는 인격은 아직 갖추지 못한 것 같습니다. 그런데 힐렐은 토라에 대한 지식도 있고, 무례한 사람을 인내하고, 예의 바르게 대할 수 있는 인격과 그를 가르쳐 진리의 길로 인도하고자 하는 열정이 있는 사람이라고 할 수 있습니다.

A. 이렇게 보니, 정말 한눈에 쏙 들어오네요. 탈무드 토론을 오래 하시더니, 거의 이제 어느 정도 경지에 오르신 것 같습니다.

B. 아닙니다. 좀 더 자세히 설명하다 보니, 이런 깨달음이 올라오네요. 바로 이런 부분이 혼자 하는 공부에서는 얻을 수 없는 하브루타 토론의 큰 유익인 것 같습니다. 저는 이 부분에서 결국 '인격은 관계에서 완성된다'는 결론을 끌어낼 수 있겠다는 생각도 들었습니다.

   샴마이는 이방인과 관계 맺는 것을 거부했습니다. 그의 지식으로 그를 판단하고 내쫓았습니다. 인격이 부족해서 그렇게 행동했을 수도 있지만, 다른 사람과의 관계를 거부하는 그의 태도가 자신의 인격 성숙을 멈추게 했다고도 볼 수 있겠습니다. 그런데 힐렐은 무례한 사람이지만 그를 통해 배울 기회를 포기하지 않았습니다. 그리고 무례한 이방인을 설득하기 위해 생각을 했고, 지혜로운 답을 찾을 수 있었던 것 같습니다.

A. 저는 지금 말씀을 들으며 '지식은 사람을 잃을 수 있지만, 지혜 혹은 인격은 사람을 얻는다'라는 말이 생각났습니다. 결국 샴마이는 가능성 있는 제자 한 사람을 잃었지만, 힐렐은 한 사람의 제자를 더 얻었으니까요.

B. 그 말씀도 명언 수준인데요. 지식을 통해 많은 사람을 얻을 수도 있지만, 인격이 받쳐주지 않는 지식은 결국 사람을 떠

나게 하는 것 같아요.

힐렐이 인내와 인격을 갖출 수 있었던 이유

A. 맞습니다. 그런데 어떻게 힐렐은 이렇게 실력뿐 아니라 인
격도 잘 갖출 수 있었을까요?

B. 저도 그 부분을 좀 더 생각하고 나눠보고 싶었는데요. 한
가지 든 생각은 공감과 역지사지에 대한 것입니다. 힐렐은
'내가 저 이방인이라면 저런 질문을 하는 의도는 무엇이고,
왜 저런 질문을 했을까'를 생각해보았던 것 같아요.

'이방인의 의도는 토라를 배우고 개종하겠다는 것인가?'

'네가 얼마나 대단한 랍비인지 시험하겠다는 것인가?'

'어떤 의도를 가졌든 토라를 배우고 싶다는 마음을 가지고
있는 것이 아닌가?'

'토라가 무엇이고, 내가 믿는 신이 누구인지 진정으로 안다
면 그도 변할 수 있지 않을까?'

'그리고 내가 유대인에게 적대적이고, 토라나 유일신 사상
에 적대감을 가지고 있는 이방인이고, 혹은 내가 어려서부
터 그런 환경에서 자랐다면 나도 저런 식으로 질문할 수 있
지 않을까?'

물론 짧은 시간에 이런 많은 생각을 한 것은 아니겠지만,

그동안의 많은 시행착오를 통해 어떤 사람들이든지 이렇게 그 사람 처지에서 이해하려고 하는 인격의 훈련이 되었던 것 같아요.

A. 네, 방금 말씀하신 부분은 공자님의 말씀과도 일치하는 것 같습니다. 공자님은 평생을 간직해야 할 한 마디를 서恕라고 했는데, 이 말은 '용서하다', '마음을 헤아려 이해한다'라는 뜻 아닙니까? 위에서는 '관용'으로 번역하셨지요. 또 서恕 자는 '같을' 여如 자에 '마음' 심心 자로 구성되어 있지요. 다른 사람과 같은 마음을 갖고 공감하는 것이 용서하는 마음이고, 그 마음을 실천하는 것이 내가 싫은 것은 다른 사람에게 강요하거나 바라지 않는 것 같습니다.

B. 네, 맞습니다. 확실히 직관적인 면에서는 동양 사상이 훨씬 간결하고 깊이가 있는 것 같습니다. 오늘도 좋은 나눔 감사합니다. 다음 시간에는 오늘 나눈 내용을 정의와 겸손과 같은 개념과 연결해서 좀 더 깊은 토론을 나누고 싶은데, 많은 기대가 됩니다.

부록

탈무드 명언집

탈무드 용어 사전

탈무드 관련 참고 도서

탈무드 명언집

탈무드 네지킨Nezikin편에 있는 《피르케이 아보트》의 경구 가운데 많은 유대인이 인용하고 마음에 새기는 내용을 정리해보았다. 《피르케이 아보트》는 '아버지들의 윤리'라는 뜻으로 유대인들이 안식일마다 반복하여 읽으며 그 의미를 되새길 만큼 중요한 내용을 담고 있기도 하다.

세상은 세 가지 기초 위에 놓여 있다. 토라와 예배와 선행이다 (아보트 1장 2절).

너 자신을 위해 스승을 모시고, 친구를 얻고, 모든 사람을 호의로 판단하라(아보트1장 6절).

증인의 말을 그대로 믿지 말고 철저히 검증하라. 그리고 네 말에 신중해서 그들이 거짓을 말하지 말게 하라(아보트 1장 9절).

땀 흘려 일하기를 좋아하고, 주인 행세하는 것을 피하고, 정치 권력과 지나치게 친하게 지내지 말라(아보트 1장 10절).

내가 나를 위하지 않으면 누가 나를 위하겠는가? 그렇지만 나만을 위해 산다면, 삶의 의미가 무엇이겠는가? 그리고 지금 배우고 실천하지 않으면 언제 하겠는가(랍비 힐렐, 아보트 1장 14절).

토라 공부하는 시간을 정해두어라. 말을 적게 하고 행동을 많이 하라. 그리고 웃음으로 사람들을 맞이하라(랍비 샴마이, 아보트 1장 15절).

세상은 세 가지에 의해 유지된다. 정의와 진실과 평화다(아보트 1장 18절).

죄에 빠지지 않기 위해 세 가지를 명심하라. 너를 보고 있는 눈이 있음과, 네 말을 듣고 있는 귀가 있음과, 내 모든 행위가 기록되고 있는 책이 있다는 사실이다(아보트 2장 1절).

토라를 공부하며 직업을 갖는 게 좋다. 땀 흘려 일하고, 토라를 공부할 때는 죄 된 생각을 하지 않기 때문이다(아보트 2장 1절).

통치자들을 조심하라. 그들은 자신들에게 이익을 주는 사람만 사귀고, 자신들에게 이익이 있을 때만 친한 척한다. 그렇지만, 네가 어려움에 처하면 네 옆에 서주지 않는다(아보트 2장 3절).

공동체와 떨어져 혼자 있지 말라. 네가 죽을 때까지 네 자신을 믿지 말라. 그리고 상대의 입장이 되어보기 전까지는 상대를 판단하지 말라. 나중에는 이해하겠지라고 착각하고, 이해하기 힘든 이야기를 다른 사람에게 하지 말라. 그리고 시간이 나면 공부하겠다고 하지 말라. 그런 시간은 나지 않기 때문이다(랍비 힐렐, 아보트 2장 5절).

무례한 자는 죄에 대한 두려움을 모르고, 배우지 못한 자는 진정으로 경건한 사람이 될 수 없다. 부끄러워하는 자는 배울 수 없고, 성급하고 참을성이 없는 자는 가르칠 수 없다. 너무 생업에 얽매이는 자는 공부할 수 없다. 리더가 없는 곳에서는 리더가 되기 위해 노력하라(랍비 힐렐, 아보트 2장 6절).

고기를 좋아하면, 벌레가 꼬인다. 재산이 많으면 근심이 는다. 아내가 많으면 질투가 심해지고, 첩을 많이 두면 음란함이 는다. 남자 종을 많이 두면, 도둑이 는다. 하지만, 토라를 많이 공부하면, 생명이 넘치고, 공부를 많이 하면 지혜가 넘친다. 겸손히 다른 사람의 의견을 청하면 이해가 늘고, 자선을 많이 하면 평화가 넘친다. 명성을 얻은 자는 자기에게만 유익이 있지만, 토라 지식을 얻은 자는 내세의 축복을 받는다. (랍비 힐렐, 아보트 2장 8절)

요하난 벤 자카이에게 훌륭한 제자들이 있었다. 한번은 제자들에게 밖에 나가 사람이 올바로 사는 데 있어서 가장 중요한 게 무엇인지 알아 오라고 했다.

랍비 엘리에제르가 말했다. "좋은 눈입니다. "

랍비 예호슈아가 말했다. "좋은 친구입니다."

랍비 요세가 말했다. "좋은 이웃입니다."

랍비 쉬몬이 말했다. "행위의 결과를 생각하는 사람입니다."

랍비 엘라자르가 말했다. "좋은 마음입니다."

요하난 벤 자카이가 말했다. "나는 엘라자르의 말이 가장 좋게 들린다. 왜냐하면 너희들이 말한 모든 것이 좋은 마음에 들어있기 때문이다. "

이번에는 "밖에 나가 사람들이 멀리 해야 할 악한 것이 무엇인지" 알아 오라고 했다.

랍비 엘리에제르가 말했다. "나쁜 눈입니다. "

랍비 예호슈아가 말했다. "나쁜 친구입니다."

랍비 요세가 말했다. "나쁜 이웃입니다."

랍비 쉬몬이 말했다. "다른 사람에게 돈을 빌리고 갚지 않는 사람입니다. 사람에게 돈을 갚지 않는 것은 하나님에게 갚지 않는 것과 같다고 했기 때문입니다."

랍비 엘라자르가 말했다. "나쁜 마음입니다."

요하난 벤 자카이가 말했다. "나는 엘라자르의 말이 가장 좋게 들린다. 왜냐하면 너희들이 말한 모든 것이 나쁜 마음에 들어있기 때문이다(아보트 2장 13~14절)."

랍비 엘리에제르는 3가지를 가르쳤다. 첫째, 다른 사람의 명예를 자기 명예처럼 소중히 여기고, 쉽게 화내지 말라. 둘째, 죽기 하루 전에 회개하라. 셋째, 성현들의 가르침으로 자신을 따뜻하게 하라(아보트 2장 15절).

죄를 짓지 않기 위해 세 가지를 기억하라. 네가 어디서 와서, 어디로 가며, 누구 앞에서 삶을 결산하게 될지를. 너는 어디서 왔는가? 하찮은 정자 한 방울에서 왔다. 너는 어디로 가는가? 먼지와 벌레와 구더기가 있는 무덤이다. 누구 앞에서 삶을 결산하게 되는가? 모든 왕을 다스리시는 그 분이시다(아보트 3장 1절).

정부의 안녕을 위해 기도하라. 사람들이 정부를 두려워하지 않으면, 자기 동료들을 산 채로 삼킬 수 있기 때문이다(아보트 3장 2절).

사람이 밤에 홀로 깨어 있거나, 길을 혼자 걸으며 헛된 곳에 마음을 두면 자기 영혼에 죄를 짓는 것이다. 늦게 잠이 오지 않으면 토라 공부를 하고, 죄를 짓지 않기 위해 반드시 신실한 친구와 다니고 마음을 헛된 곳에 두지 않도록 노력해야 한다(아보트 3장 5절).

만약 어떤 사람이 토라의 멍에를 지면, 정부와 세상의 책임에 대한 멍에에서 벗어난다. 그러나 그가 토라의 멍에를 집어 던지면, 정부와 세상의 멍에가 그에게 놓인다(아보트 3장 6절).

늦잠과, 낮술, 유치한 잡담과 어리석은 자들과의 만남은 수명을 단축한다(아보트 3장 14절).

랍비 아키바가 말했다. 조롱과 경박함은 사람을 부도덕하게 만든다. 전승된 구전 토라는 토라를 지키는 방어막이 되고, 십일조는 부를 지키는 방어막이 된다. 맹세는 절제의 방어막이 되고, 지혜의 방어막은 침묵이다(아보트 3장 17절).

모든 것은 예정되어 있다. 하지만 선택의 자유가 주어진다. 세상은 선행으로 판단되고, 모든 것은 선행의 넘침에 의해 결정된다(아보트 3장 19절).

지혜가 선행을 앞서는 자를 무엇에 비유할꼬? 이는 마치 가지는 무성한데, 뿌리가 몇 없는 나무와 같다. 바람이 불면, 뿌리가 뽑히고, 나무가 쓰러진다. "그는 마른 땅에 홀로선 나무 같으니, 좋을 때를 보지 못할 것이요. 그는 황야의 마른 땅과 소금 땅에 거하는 자 같으니, 아무도 살지 못하리라"는 예레미야 선지자의 말이 이에 해당한다.

그러면, 선행이 지혜를 앞서는 자를 무엇에 비유할꼬? 그는 가지는 적으나 뿌리가 많은 나무와 같다. 이 세상의 모든 바람이 분다 해도, 흔들림이 없다. "그는 물가에 심어진 나무와 같이 물가로 뿌리가 뻗고, 더위를 겪지 않고, 잎이 신선하며, 가뭄에도 걱정하지 않고, 열매가 멈추지 않는다"라는 예레미야의 말과 같다(아보트 3장 22절).

현명한 사람은 내 주변의 모든 사람에게서 배우는 사람이다. 진정으로 강한 사람은 자신의 마음을 다스리는 사람이다. 화를 덜 내고, 감정을 조절하는 사람이 어느 정복자보다 위대하다. 진정한 부자는 자신이 가진 것에 만족하는 사람이다. 시편에서는 땀 흘려 일한 대가로 먹고 살 때 너희가 이 세상에서 많은 사람에게 칭찬받고 모든 일이 잘 된다고 말한다. 진정으로 존경받는 사람은 누구인가? 바로 다른 사람을 존중하는 사람이다(벤 조마, 아보트 4장 1절).

탈무드 용어 사전

탈무드 본문에 자주 나오는 주요 용어를 정리했다. 원전 탈무드에는 "아모라임은 어떻게 말했다", "바라이타에는 어떻게 되어 있다"는 식의 표현이 많아서, 탈무드 원전을 처음 대하는 사람들은 공부에 큰 어려움을 겪기도 한다.

게마라(Gemara)

'공부하다'라는 의미의 동사 'Gemar'에서 파생한 말로 '가르침의 완성'이라는 뜻이며, 미쉬나에 대한 랍비들의 토론을 말한다.

메힐타(Mekhilta)

'해석의 규칙에 관한 모음'이라는 뜻으로 출애굽기에 전승과 해석을 모은 책이다.

미드라쉬(Midrash)

성경 본문에 붙은 초기 주석이나 해석을 말한다. 율법이나 도덕적 교훈에 대한 상세한 해설을 담고 있어 성경에 실리지 않은 유대 전승을 기록한 랍비 문서라고 할 수 있다. 우리식으로 보면 성경은 정사正史, 미드라쉬는 야사野史로 볼 수 있다. 성경에는 나오지 않는 아담, 노아, 아브라함 등의 주요 인물의 알려지지 않은 이야기와 함께 초자연적인 내용이 등장한다.

미드라쉬 라바(Midrash Rabba)

라바는 '위대한'이라는 뜻이며 직역하면 '위대한 미드라쉬'라는 뜻이다. 《모세 5경》의 미드라쉬를 포함해 룻기나 에스더 등의 다른 성서의 주석을 포함한 전체 문서를 말한다. 비율법적 이야기를 다루는 미드라쉬Aggadic Midrash이며, 총 10권이 있다. 초기에 창세기, 레위기, 예레미야 애가, 에스더(기원후 400-600년경)가 정리되었고, 이후 다른 책들(출애굽기, 민수기, 신명기, 룻기, 전도서)이 정리되었다.

미드라쉬 탄후마(Midrash Tanchuma)

4세기 팔레스타인에 살았던 랍비 탄후마에 의해 편집된 《모세 5경》에 대한 미드라쉬를 말한다.

미쉬나(Mishnah)

"반복하다", "되풀이하다"라는 히브리단어 샤나에서 파생된 명사다. 성문토라Written Torah에는 기록되지 않은 구전 토라를 말하며, 한편으로는 계속 반복하여 완전하게 배우게 되는 구전 전승교육을 말한다. 후대에 총 63권 523장으로 편집되었다.

바라이타(Baraita)

'외부에 있는 것'이라는 뜻으로 최종적으로 미쉬나에 들어가지 못했지만 중요한 의미를 갖는 자료를 말한다. 복수형은 바라이톳 Baraitot이다.

시프레(Sifre)

민수기와 신명기의 미드라쉬를 말한다.

아모라임(Amoraim)

대변자, 해설자라는 뜻이다. 미쉬나 기록 이후 미쉬나 본문을 해석하며 토론했던 랍비들을 가리키는 말이다.

얄쿠트 쉬모니(Yalkut Shimoni)

유대인 성경에 대한 해석과 해설을 모아 놓은 랍비 문서다. 1부 963장은 《모세 5경》, 2부 1,085장은 역사서와 예언서, 시가詩歌 문서를 다루고 있다. 12~13세기 독일 지역에 살았던 랍비들이 편집한 것으로 알려져 있다.

탄나임(Tannaim)

미쉬나 편집 이전에 중요한 토론을 남긴 랍비들과 현자들을 가리키는 말이다. 단수는 탄나Tanna로 반복하는 사람, 교사라는 뜻이다. 보통 랍비 힐렐을 최초의 탄나로 본다.

타나크(Tanakh)

토라Torah(율법서), 네비임Neviim(예언서), 케투빔Ketuvim(성문서, 시편과 지혜서)의 약칭이다. 유대인의 경전인 《구약성서》를 뜻한다.

토사포트(Tosafot)

아람어로 추가, 보충, 보완이라는 뜻으로 미쉬나에 포함되지 않은 구전 기록을 말한다. 복수형은 토세프타(tosefta)다.

하가다(Haggadah)

하가다는 유월절 절기에 읽는 문서다. 유월절 식탁에서 하가다를 읽어 줌으로서 유대인 아버지는 토라의 출애굽기에 기록된 대로 자녀들에게 출애굽의 이야기를 해주라는 계명을 준수하게 된다.

하시딤(Hasidim)

'자비'를 뜻하는 히브리어 '헤세드'에서 유래된 단어다. 율법을 철저히 지키되 성과 속이 구별되지 않고 즐겁게 지키자는 유대 경건주의 운동이다.

할라카(Halachah)

성문 토라와 구전 토라에 있는 유대교 율법을 통칭하는 것으로 613개의 계명과 이에 수반하는 세부 규정을 말한다.

후마쉬(Chumash)

두루마리로 된 원본 토라에 대응하는 개념으로 종이에 기록된 《모세 5경》을 말한다. 후마쉬에 편집자들의 주석이 들어가며, 일종의 토라 본문과 주석이 함께 있는 책으로도 볼 수 있다. 한 주에 읽어야 할 토라 분량Parsha(파르샤)으로 나누어져 있고, 맨 뒤에는 해당 파르샤와 함께 읽어야 하는 해당 토라와 연관된 예언서 말씀Haftarah(하프타라)이 붙어 있다. 하프타라는 그리스 강점기에 토라 읽기가 금지되자, 랍비들이 토라 본문 대신에 해당되는 내용의 예언서 말씀을 읽으면서 시작되었다.

탈무드 관련 참고 도서

마빈 토케이어 편역본

시중의 탈무드 가운데 마빈 토케이어의 편역본을 기본으로 한 책들이다. 1장에 탈무드의 마음, 귀, 눈, 머리 등의 제목이 나온다.

- 《성전 탈무드》, 마빈 토케이어 저, 일문서적, 2012.
- 《탈무드》, 마빈 토케이어 저, 강영희 편, 브라운 힐, 2013.
- 《탈무드 이야기》, 마빈 토케이어 저, 동해출판, 2012.
- 《탈무드》, 마빈 토케이어 저, 이상근 역, 태을출판사, 2009.
- 《탈무드》, 마빈 토케이어 저, 현용수 편역, 동아일보사, 2007.

편역 탈무드 이외에 마빈 토케이어의 저서로 알려진 책이다.

- 《탈무드 2》, 마빈 토케이어 저, 현용수 역, 동아일보사, 2007('랍비가 해석한 모세 5경'이라는 부제가 붙은 이 책은 토케이어가 《모세 5경》의 주석이라고도 볼 수 있는 탈무드를 정리한 내용이 번역되어 있다).
- 《탈무드의 생명력》, 마빈 토케이어 저, 현용수 역, 동아일보사, 2009(유대 사상과 세계관, 학습관에 관한 마빈 토케이어의 글을 모은 책이다).
- 《탈무드 잠언집》, 마빈 토케이어 저, 현용수 역, 동아일보사, 2009.
- 《탈무드의 웃음》, 마빈 토케이어 저, 현용수 역, 동아일보사, 2009.
- 《탈무드 처세술》, 마빈 토케이어 저, 현용수 역, 동아일보사, 2009.
- 《The Talmud》, 편집부 편, 삼지사, 2011.

조셉 텔루슈킨의 책들

마빈 토케이어의 편역본보다 탈무드 원전에 가까운 책은 조셉 텔루슈킨의 책들이다. 텔루슈킨은 요즘 말로 뜨는 랍비인데, 탈무드나 토라의 어려운 내용을 쉬운 언어와 사례를 들어 설명한다. 2010년 〈뉴스위크〉는 미국의 영향력 있는 랍비 50인 중 텔루슈킨을 15위로 꼽았다. 다음은 그의 책 가운데 우리나라 말로 번역된 책들이다.

- 《죽기 전에 한 번은 유대인을 만나라The Book of Jewish Values》, 조셉 텔루슈킨 저, 김무겸 역, 북스넛, 2012.
- 《승자의 율법Jewish Wisdom》, 조셉 텔루슈킨 저, 김무겸 역, 북스넛, 2010.

- 《유대인의 한마디Words That Hurt Words That Heal》, 조셉 텔루슈킨 저, 현승혜 역, 청조사, 2013.

텔루슈킨의 책과 비슷하게 탈무드 원문을 바탕으로 하루 묵상집과 같이 에세이 형태로 엮은 다음의 책이 있다.

- 《원전에 가장 가까운 탈무드Swimming in the Sea of Talmud: Lessons for Everday Living》, 마이클 카츠·거숀 슈워츠 저, 주원규 역, 바다출판사, 2018.

탈무드 개론서

개론서로 가장 좋은 책은 애딘 스타일살츠Adin Steinsaltz의 《Essential Talmud》인데, 최영철 박사가 일부만 번역해 출간한 번역본이 있고, 변순복 교수의 《탈무드란 무엇인가》라는 원전 탈무드 입문서가 있다.

- 《핵심 탈무드》, 애딘스타인 살츠 저, 최영철 역, 로고스출판사, 2005.
- 《탈무드란 무엇인가》, 변순복 편, 로고스출판사, 2004.
- 《탈무드》, 노먼 솔로몬 저, 임요한 역, 규장, 2021(랍비 노먼 솔로몬이 펭귄 클래식에서 출판한 《The Talmud: A Selection》을 번역한 책이다. 원전 탈무드 가운데 영미권 독자들이 관심있을 내용을 발췌한 내용이다).

우리나라 유대 연구자들의 탈무드에 관한 책

이스라엘이나 미국 등지에서 구약학이나 유대 문학, 역사를 공부한 국내 연구자들이 탈무드나 유대 사상에 대해 정리한 책들이다.

- 《성경 속으로 탈무드 속으로》, 변순복, 대서, 2007.
- 《탈무드가 말하는 하나님》, 변순복, 로고스출판사, 2004.
- 《탈무드가 말하는 가정》, 변순복, 대서, 2009.
- 《유대교Understanding Judaism》, 칼 에를리히 저, 최창모 역, 유토피아, 2008.
- 《솔로몬 탈무드》, 이희영 역, 동서문화사, 2007.
- 《바빌론 탈무드》, 이희영 저, 동서문화사, 2009(《솔로몬 탈무드》와 《바빌론 탈무드》 모두 프랑스에서 인류학 박사 과정을 공부한 저자가 바빌론 탈무드의 내용을 기초로 탈무드의 구성과 유대주의에 대한 탈무드의 내용을 발췌해 정리한 책이다).

탈무드랜드 김정완 대표의 번역서

우리나라에서 탈무드 원전 공부와 탈무드 번역에 가장 많은 관심을 가진 김정완 대표의 번역서들이다.

- 《탈무드 하브루타The Complete Idiot's Guide to the Talmud》, 아론 패리 저, 김정완 역, 한국경제신문, 2017(탈무드 개론서로 가장 무난한 책 중 하나다).
- 《비즈니스 성공의 비밀 탈무드》, 래리 캐해너 저, 김정완 역, 한국경제신문, 2017(탈무드적 관점의 경제·경영관을 잘 정리한 책이다).

- 《비즈니스는 유대인처럼》, 레비 브래크만·샘 제프 공저, 김정완 감역, 매일경제신문사, 2014(토라, 탈무드 원리를 사업과 협상에서 어떻게 적용할 수 있는지를 정리한 책이다).
- 《하브루타 삶의 원칙 쩨다카》, 리브타 울머·모쉐 울머 저, 김정완 역, 한국경제신문사, 2018.

엘리 홀저(Elie Holzer) 교수의 저서

이스라엘 바일란대학교의 유대 교육학 교수로 유대 전통 하브루타를 현대 교육에 적용하기 위한 이론을 구축하고, 미국와 이스라엘에서 하브루타 교육 방법론을 전하고 있는 엘리 홀저 교수의 저서다.

- 《하브루타란 무엇인가》, 엘리 홀저·오릿 켄트 저, 김진섭 역, D6 코리아, 2019.
- 《하브루타 맞춤학습이란 무엇인가?》, 엘리 홀저 저, 김진섭 역, D6코리아 교육연구원, 2021.

이 책을 쓰면서 참고한 도서

- 《Torah Studies》, The Rohr Jewish Learning Institute.

- 《The Chumash》(Stone Edition), Mesorah Publications, Ltd.

- 《The Schottenstein Talmud Bavli》, Mesorah Publications, Ltd.

1% 유대인의 지혜수업

초판 1쇄 2025년 2월 28일

지은이 심정섭
펴낸이 허연
편집장 유승현   **편집2팀장** 정혜재

책임편집 이예슬
마케팅   한동우 박소라 구민지
경영지원 김민화 김정희 오나리
디자인   김보현 한사랑

펴낸곳 매경출판㈜
등록 2003년 4월 24일(No. 2-3759)
주소 (04557) 서울시 중구 충무로 2(필동1가) 매일경제 별관 2층 매경출판㈜
홈페이지 www.mkpublish.com   **스마트스토어** smartstore.naver.com/mkpublish
페이스북 @maekyungpublishing   **인스타그램** @mkpublishing
전화 02)2000-2612(기획편집) 02)2000-2646(마케팅) 02)2000-2606(구입 문의)
팩스 02)2000-2609 **이메일** publish@mkpublish.co.kr
인쇄·제본 ㈜M-print 031)8071-0961
ISBN 979-11-6484-754-9(03190)